余音不绝

接着讲宗教史

葛兆光 著

北京大学出版社
PEKING UNIVERSITY PRESS

图书在版编目（CIP）数据

余音不绝：接着讲宗教史 / 葛兆光著. —— 北京：北京大学出版社, 2025.7. —— ISBN 978-7-301-36027-9

I. B929.2

中国国家版本馆CIP数据核字第2025QQ3342号

书　　　名	余音不绝：接着讲宗教史 YUYIN BUJUE: JIEZHE JIANG ZONGJIAOSHI
著作责任者	葛兆光　著
责 任 编 辑	张　晗
标 准 书 号	ISBN 978-7-301-36027-9
出 版 发 行	北京大学出版社
地　　　址	北京市海淀区成府路205号　100871
网　　　址	http://www.pup.cn　新浪微博 @ 北京大学出版社
电 子 邮 箱	编辑部 wsz@pup.cn　总编室 zpup@pup.cn
电　　　话	邮购部 010-62752015　发行部 010-62750672 编辑部 010-62750577
印 刷 者	北京中科印刷有限公司
经 销 者	新华书店
	650毫米×980毫米　A5　5.25印张　106千字 2025年7月第1版　2025年11月第2次印刷
定　　　价	48.00元

未经许可，不得以任何方式复制或抄袭本书之部分或全部内容。
版权所有，侵权必究
举报电话：010-62752024　电子邮箱：fd@pup.cn
图书如有印装质量问题，请与出版部联系，电话：010-62756370

目 录

小 引 / 1

第一讲 探寻中古宗教的历史语境
　　——读邓广铭先生听陈寅恪"天师道"课笔记 / 5

第二讲 文化史的背阴面
　　——从胡适、杨联陞对中古宗教自扑自搏风习的通信说起 / 45

第三讲 新史料与新问题：学术史的国际竞赛
　　——从戴密微《吐蕃僧诤记》说起 / 81

第四讲 政治史与宗教史之间
　　——接着陈垣先生讨论清代前期的佛教 / 117

致 谢 / 161

小　引

这本小书，是 2023 年 9 月 21 日至 28 日我在北京大学人文社会科学研究院"2023 年度荣誉讲座"的讲稿。

2022 年，当邓小南教授来信邀请我担任讲座主讲人的时候，我就意识到必须打起十二分精神来准备，不仅因为这是一个荣誉，也是因为北京大学的讲坛上，向来高人众多，这是一个要求很高的学术平台。我的记性很不好，绝不是能"倚马立就"或"出口成章"的捷才，历来上台演讲，都要事先准备完整文稿，甚至还要把完整的文稿再删减，变成适合讲演的讲稿。讲之前，不仅先得做成演示文稿，还要把各种需要补充和发挥的内容，写在讲稿旁提醒自己。这其实是 40 多年前，我在北大读本科的时候，老师教给我的方法。因此，我从 2023 年年初——那时正逢疾疫流行，只能躲在家中重读若干旧书——便在沉思默想中，开始凝聚主题，准备讲稿。

需要说明的是，我之所以最终决定讲宗教史研究，是因为三四十年前，也就是 1980 年代，我虽然就读于古典文献专业，却曾阴错阳差地涉足过禅宗史与道教史领域。在那个被称作"文化热"的时代，学术尽管荒疏浅陋，却能让人意兴飞扬，横生议论。经过几十年，在思想文化史、周边与中国等议题中，兜过一大圈后，我的兴趣点似乎又部分回到宗教史。不过，重回这一领域，却是从重读前辈论著开始的，于是不免从以往的学术史中，引出一些新观察、新思考和新问题。所以，下面的这四讲，就借了一些学界前辈对宗教史的研究，接着他们的问题、思路和取向，说一下我对有关"中国的"宗教史的研究，"在中国"的宗教史应当如何预国际学术之流，以及有关华夏宗教与政治等问题的一些不成熟看法。

这四讲的题目分别是——

1. 探寻中古宗教的历史语境——读邓广铭先生听陈寅恪"天师道"课笔记

2. 文化史的背阴面——从胡适、杨联陞对中古宗教自扑自搏风习的通信说起

3. 新史料与新问题：学术史的国际竞赛——从戴密微《吐蕃僧诤记》说起

4. 政治史与宗教史之间——接着陈垣先生讨论清代前朝的佛教

顺便解释一下"余音不绝"这个总题。2022年，李零先生的年度荣誉讲座用了"逝者如斯"四个字作为总题。我今年担任讲座主

讲人，为了和他前一年的标题衔接和呼应，用了"余音不绝"这四个字。如果说，他的标题透露着一丝悲凉，即所谓"往者不可追"，我的这个标题，可能还留有一线希望，期待的是"余音绕梁，三日不绝"。我总在想，如果我们努力，也许还可以在前辈的延长线上继续走下去，甚至走出新路。

2024 年 1 月于上海

第一讲　探寻中古宗教的历史语境
——读邓广铭先生听陈寅恪"天师道"课笔记

我想先交代一下这一讲的缘起。

2022年夏天，北京大学人文社会科学研究院举办"邓广铭先生诞辰115周年学术纪念展"，展品中有1939年8月邓先生在陈寅恪先生课上记的笔记，我特别注意到其中有关于"南北朝之天师道"的内容。由于二三十年前我曾经做过一点儿中古道教史，对此很感兴趣，就请北大文研院韩笑老师帮我复制了一份。

这份笔记共8页，是当时邓先生担任北京大学文科研究所专任导师陈寅恪的助手时旁听课程的笔记。邓先生曾说，在"治学道路与涉世行己"方面，他受影响最深的是胡适、傅斯年和陈寅恪三人，他与胡、傅关系之密切毫无疑问，而陈寅恪对于邓先生，其实也相当重要[1]。邓先生的成名作《宋史职官志考正》曾经得到陈寅

---

[1] 这是邓广铭在《怀念我的恩师傅斯年先生》中说的。刘浦江在《邓广铭与二十世纪的宋代史学》中虽然也引用了这句话，但后面只是详说邓广铭受胡适、傅斯年的影响之大，并没有说到陈寅恪，大概认为他受陈寅恪影响并不明显？文载《历史研究》1999年第5期，115页。

恪写序褒扬，序里说到，"并世治宋史者，未能或之先也"，"他日新宋学之建立，先生当为最有功之一人"。而且陈先生在序文里，还特意提到他和邓先生在昆明同住青园学舍的往事，显然对邓先生有知遇知己之恩[1]。而邓先生听陈寅恪先生的课，从笔记看也确实认真，记得相当周全，尽管后来邓先生并不治魏晋南北朝史，更不治道教史。

今天这一讲，我想从这份听课笔记说起。很多听过陈寅恪讲课的人都说，陈先生讲课非常有特点。周一良先生曾说，他和余逊、劳干听陈寅恪的课，欢喜赞叹，就好像看杨小楼唱戏那么过瘾[2]。翁同文《追念陈寅恪师》和王永兴《怀念陈寅恪先生》回忆陈寅恪讲课，则不约而同地说，陈先生总是先把主要资料"写上黑板，使学生抄录"，"把每条史料一字不略地写在黑板上"[3]。不仅如此，和很多教师一样，他也会在课堂上，把自己的一些零星的、发散的新思考新想法，讲给大家听。现在看邓先生的听课笔记，不仅史料记得那么详细和完整，而且里面确实有不少溢出主题的话头，证明他们说得一点不错。

---

[1] 《金明馆丛稿二编》（"陈寅恪集"，北京：生活・读书・新知三联书店，2001），277—278页。

[2] 周一良《我和魏晋南北朝史》（阎步克整理），收入周一良《魏晋南北朝史论集》（北京：商务印书馆，2020）。

[3] 均见卞僧慧《陈寅恪先生年谱长编（初稿）》（北京：中华书局，2010），191—192页。当然，也有人说陈寅恪先生的课因为太专门，所以听者不多，反应并不热烈。

我想，大家也许和我一样，面对这份听课记录，一定会好奇这样几个问题：第一，陈寅恪先生上课的内容，和他正式发表出版的论著，有没有不一样或者多出来的东西？第二，他的讲义和他的论著之间，究竟是什么关系？第三，那个时代，他在讲中古历史的时候，有些什么特别的议论和想法？当然更重要的，是陈寅恪先生对于中古宗教的历史研究，给我们留下了什么问题，对我们今天有什么启发和意义？

一、从陈寅恪有关天师道的论文，回溯中国道教史的研究史

关于中古的天师道，人人都会想到陈寅恪的著名论文《天师道与滨海地域之关系》。为了说明这篇论文的意义，我想先追溯一下欧美、日本和中国学界有关道教研究的学术史。

也许大家知道，欧洲和日本学界对道教的现代型学术研究，在20世纪初，甚至19世纪末就已经开始了。

由近及远，让我先说日本。明治四十四年，也就是1911年，日本学者妻木直良（1873—1934）在刚刚创刊的《东洋学报》上，发表了《道教の研究》。日本学界一般认为，这是日本在道教研究领域开创性的现代著作。为什么？因为妻木直良在这一长篇论文中（特别是第二章），特意指出道家老子之学和道教的分别，说"虽然今日道教重长命富贵，但老子并不看重个人的长生"。他提出，老

子和道教并没有直接的关系，是道教徒利用老子。之所以如此，一是因为要和儒家、佛教相对抗，得有一个象征性的领袖；二是因为老子事迹并不清楚，《道德经》的文字也比较玄虚神秘，比较好利用发挥；三是秦汉以来人人承认老子为圣哲。所以，道教要制造这么一个教主来构造历史。把作为宗教的道教，和作为思想学说的道家分别开来，这些道理在现在当然已经是常识，但在当时，却是对道教的现代学术研究的开端和基础。

这里请允许我说两句题外话。其实，"常识"很重要，学术史上，当"新见"成为"常识"，就意味着典范开始转移。比如中国现代学术转型时代的"古史辨"，不管它在具体的史实与文献上是不是对，但是它首先把传统不容置疑的"经"，变成了需要证据支持的"史"，其次又普及了"史"也未必"真"这种观念，进而又延伸到伪史中也有真历史。这些在历史学界如今都是常识，但是在传统学术向现代学术转型的时候，它却奠定了学术巨变的基础，于是，学术史才开出新生面。妻木直良论述道教的那几点，现在看来当然是"常识"，但在那时候却是"新见"，因为从那时候起，道教就和道家分开，道教作为一个宗教（religion），被放在日本的现代史学平台上进行研究了。

差不多同时甚至更早，欧洲对道教的研究也开始了。大家都知道，有传教士传统背景的欧洲东方学，很早就关注活的中国宗教、社会和生活，高延（J. J. M. de Groot, 1854—1921）也好，禄是遒（Henri

Doré, 1859—1931）也好，很早就开始做中国宗教信仰的调查与研究。他们一方面把文献记载和田野调查结合起来，另一方面把中国宗教信仰和欧洲以及许多所谓半开化未开化地区的文化相比较[1]。有这两条，宗教信仰的研究就已经算是"现代型"的了。在日本妻木直良发表《道教の研究》前后，专业的、学院的法国东方学家，像被称为"同时代汉学第一人"的沙畹（Émmanuel-Édouard Chavannes, 1865—1918）研究泰山信仰的著作《泰山》（*Le T'ai Chan*, Paris, Leroux, 1910）在1910年出版了[2]。稍后，戴遂良，即法国魏格尔神父（Léon Wieger, 1856—1933），更出版了两卷本的《道教》（1911, 1913），他先是编制了《道藏》目录，后是翻译了《老子》《列子》和《庄子》之类被（传统中国人与欧洲人）认为属道教的经典著作[3]。

---

[1] 以上这两位的著作，现在都已经有中文译本。高延《中国的宗教系统及其古代形式、变迁、历史及现状》（*The Religious System of China: Its Ancient Forms, Evolution, History and Present Aspect,* 六册，芮传明等译，广州：花城出版社，2018）；禄是道《中国民间崇拜》（*Researches into Chinese Superstitions,* 十册，中译本，上海：上海科学技术文献出版社，2009）。

[2] 《泰山：论一种中国信仰》现在已经被节译成中文，见渠敬东等主编《中国文明与山水世界》（"山水辑刊"，北京：生活·读书·新知三联书店，2021）；沙畹对道教研究有重要影响的另一篇论文《投龙简》，引用了出土资料、碑刻文献和杜光庭著作等道教文献，对道教一种古老的祈祷方法进行研究，但这是在他去世以后的1919年才出版的。

[3] 戴遂良的《道教》（*Taoîsme*）分上下两卷。第一卷是《道藏目录》（*Tome I. Bibliographie générale*），于1911年出版。第二卷于1913年出版，即《老子、列子与庄子》（*Tome II. Les Pères du système taoîste, Lao-tzeu, Lie-tzeu, Tchoang-tzeu*）。

这是大家都知道的，过去有关道教研究的学术史也是这么介绍的。不过我想补充一点，其实在此前，欧洲就已经有过关于道教的讨论，并且也影响到了日本。大概日本的道教研究，就像其他日本东洋学领域一样，从一开始可能就受到欧洲影响和刺激。我在明治二十七年（1894）日本学界刚创刊的《东洋哲学》第一编第一号上，看到当时的日本人就翻译了欧洲人巴尔弗（F. H. Balfour）所写的《道教论》[1]。顺便可以提一句，这位巴尔弗早在十年前也就是1884年，就写了一本《道教典籍：伦理、政治与思想》（*Taoist Texts: Ethical, Political and Speculative*），而且他还翻译过《道德经》，但现在道教的研究史都不怎么提他了。

日本学习西方是非常迅速的，我以前多次讲过，日本东洋学在明治时代的大转型，背后动力之一就是要和欧洲东方学比赛，谁更了解中国乃至亚洲[2]。在妻木直良之后，很多关于中国道教的论著就出来了，像小柳司气太的《道教概说》（1923，后来译成中文，由商务印书馆出版）和《老庄思想と道教》（1935），是很有名的著作；常盘大定《"支那"における佛教と儒教道教》的后编《道佛

---

[1] 《道教论》，载《东洋哲学》第一编第一号（1894），32—35页，未完；第七号续完，285—290页。

[2] 参看葛兆光《亚洲史的学术史——欧洲东方学、日本东洋学与中国的亚洲史研究》，《世界历史评论》2021年第2期，3—68页；收入《亚洲史的研究方法》（葛兆光讲义系列，北京：商务印书馆，2022）。

二教交涉史》（1930）以及他关于中国宗教史迹踏查的记录（《"支那"佛教史迹踏查记》），里面都包含了相当丰富的道教史内容[1]。顺便补充一句，佛教史研究者进入道教史研究，尤其是中古佛道关系史被关注，大概是原本就关注佛教的日本学界道教史研究现代转型的重要一环。以后，还有像和鲁迅谈过话的橘朴（1881—1945），写了《道教と神话传说》，他特别强调"要了解中国人，无论如何要首先理解道教"（见此书卷首的中野江汉《序》）[2]，他更指出"道教中并存着理论的部分和通俗的部分，理论部分为道士和学者所有，与一般信徒并不存在什么直接的关系"，倒是通俗的部分，更直接影响中国民众，所以要研究中国，就要去看看像《太上感应篇》之类的东西[3]。如果说，妻木直良把道家和道教分开，是日本现代有关中国道教研究的一个起点，那么，橘朴注意实际社会中道教的影响，这是日本的中国道教现代研究的另一个起点。

---

[1] 参看葛兆光《回首与重访：常盘大定与关野贞〈中国文化史迹〉重印本导言》，原载《中国文化史迹》（全译本，上海：上海辞书出版社，2018）卷首，后收入葛兆光《侧看成峰》（北京：中华书局，2020），183—205 页。

[2] 关于橘朴，可以参看子安宣邦《近代日本的中国观》（王升远译，北京：生活·读书·新知三联书店，2020）。值得注意的是，子安宣邦书中居然用了三章来讨论橘朴，比北一辉（两章）、内藤湖南（两章）、森谷克己（一章）、尾崎秀实（一章）、平野义太郎（一章）、石达秀三（一章）、竹内好（两章）、加加美光行（一章）、沟口雄三（一章）都多，这说明橘朴对于日本的中国认识之重要性。

[3] 以上参看葛兆光《当代日本的中国道教研究》，《传统文化与现代化》1996 年第 2 期，77—88 页；《道教研究的历史和方法》，《屈服史及其他——六朝隋唐道教的思想史研究》，北京：生活·读书·新知三联书店，2003 年，149—168 页。

一百多年过去，欧洲和日本的道教研究有了很多成绩，这里不多讲，但想特别补充说一下我的观察。无论是欧洲也好，日本也好，他们对道教的研究，其实都有自己特别的问题意识和关注焦点，这是支撑异域中国道教研究的基础。没有自己的问题意识，这种研究迟早会因失焦而沦为技术和专业，因缺乏关怀而渐渐失去热情。有没有关怀，有没有热情，某种学术领域的冷热是会不同的，这是学术史的必然。任何学问，若能成为"显学"，能在学界引发长久的热情，能在社会引起持久的关注，能在读者中激发不断的兴趣，一定有某种"连带感"。我以前总举一个例子，就是道光、咸丰以来的"西北史地之学"，为什么在中国成为"绝学"，而满蒙回藏鲜之学在明治、大正时代的日本，却成为"显学"？为什么1942年陈寅恪在《朱延丰突厥通考序》里预言的西北之学会"惊雷破柱，怒涛震海"并没有实现？原因之一，就是因为学术背后有没有联系到现实政治和社会关怀[1]。那么，欧洲人和日本人对道教的关注或者说关怀在哪里呢？

先看欧洲，从传教士到东方学家，在道教研究中，他们内心关注和思考的，一是不同类型的文明比较，比如传统中国有没有类似欧洲的宗教？中国和欧洲的文明有什么差异？二是如果中国也有

---

[1] 陈寅恪《朱延丰突厥通考序》，收入《寒柳堂集》（"陈寅恪集"，北京：生活·读书·新知三联书店，2001），163页。

宗教比如道教，那么这种宗教和基督教有什么不同？这种不同怎样形塑了中国人的行为方式和认知特征？三是怎样改变启蒙时代以来欧洲人对中国和中国文化的认识，比如欧洲人曾以为中国就是儒教国家（礼仪、文教、科举），那么怎样发现活的、真的和底层的中国（如炼丹、崇拜、鬼神）？1999年在北京大学勺园，我和刚刚过世不久的施舟人（Kristofer Schipper, 1934—2021）教授有一次长谈，他谈到从沙畹、马伯乐、康德谟、司马虚到他和傅飞岚、劳格文这些欧洲学者为什么要关注道教[1]。这些问题意识不仅刺激着他们的道教研究热情，也始终影响着他们对道教历史与文化的研究取向。

同样，日本学者对于道教的研究，根底里也有自己的关注重心和问题意识。我曾经在1998年与日本学者，比如当时任日本道教学会会长，也是我那本《道教与中国文化》的监译者、关西大学的坂出祥伸（1934—2020）教授，以及早稻田大学的福井文雅（1934—2017）教授等几次讨论，为什么日本的道教学会居然有上千名注册会员？而以研究道教为主，1950年创刊的《东方宗教》为什么会有如此持久的影响？为什么从小柳司气太以来，会出现洼德忠、福井康顺、大渊忍尔直到福永光司等那么多道教的著名研究者？

---

[1] 有关这一点，近来有一篇论文可以参考，见张崇富《施舟人的道教研究：法国汉学传统、方法论与文化叙事模式》，载《世界宗教研究》（北京）2022年第5期，56—66页。

和他们的谈话让我意识到，日本道教学者心底里的问题其实是很"日本"的。除了近代日本希望对经典之外"活的中国"深入了解，所以很多学者（包括满铁组织的学者）积极对中国宗教作实地调查之外，还有日本的问题意识在支持他们的研究。第一，他们特别关注早期日本那些神灵信仰、祭祀仪式和古代中国道教有没有关系。这其实是在为古代日本文化寻根。第二，他们特别关注佛道关系，这不仅是因为佛教与道教关系密切，佛教在日本历史与生活中有重要性，更因为日本有"神佛习合"的特殊传统，他们想了解这种传统与外来文化有没有关系。第三，他们特别关注"天皇"称号与道教的关系，因为万世一系的"天皇"，涉及日本神圣历史和特殊国体，是日本文化神圣性的一个来源，它是本土的还是外来的，与日本政治文化的神圣性和独立性关系很大。因此，对中国道教研究的持久热情背后，其实有对本土文化的关怀，这才是他们研究道教时潜在的问题意识，无论是自觉还是不自觉，这种问题意识总是影响着他们。后来我写《国家与历史之间》，讨论日本学界关于中国道教、日本神道教与天皇制度关系的争论，就是从这个观察出发的[1]。

可是回头看中国。尽管人们都说，道教是中国的土产，"中国的根底全在道教"（鲁迅语），但一直到1930年代，应该说，中国

---

[1] 参看葛兆光《国家与历史之间——日本关于道教、神道教与天皇制度关系的争论》，原载《中国社会科学》2009年第5期；后收入《宅兹中国：重建有关"中国"的历史论述》（北京：中华书局，2011），196页以下。

学界还没有成熟和系统的,特别是可以称为现代型的道教研究。以前澳大利亚的柳存仁(1917—2009)先生为了追溯本土研究道教,即"中国人治本国学问"的历史,把道教研究从清代的陈铭珪《长春道教源流》算起,但我总觉得严格说来并不能上溯到陈铭珪。陈氏算是广义的道教信仰者,也是广东著名学者陈澧的学生,咸丰十年(1860)因为陪同陈澧到罗浮山,就是传说写《抱朴子》的东晋葛洪最后到过的地方,于是在那里的道观中写了这本书。由他来撰写全真道教源流,并不像是现代意义上的学术研究,虽然胡适也曾赞扬过此书,但实际上它和宋代士大夫编禅宗僧人的传灯录差不多[1]。晚清以来,除了郑观应之外,很少有文化人认真讨论过道教,普遍觉得它比佛教低级和粗俗。较早真正关注道教研究的中国学者,除了博学天才的沈曾植之外[2],应该说,还是一些文献学家和博学之士,像刘师培,他在宣统二年(1910)冬天,到白云观去读《道藏》,写了三十七篇《读道藏记》;接着他的,黄侃也有《仙

---

[1] 胡适在1937年2月20日的日记中,曾经提到陈铭珪的《全真道教源流考》八卷,说"此书是很好的一部研究,虽然作者是道教徒,但他的见解大体不坏。全真道教的兴起,含有保存人民文化的意义,元好问、姚燧诸人都能明了此意义。故金元道教史应作为金元史的一个大题目"。见曹伯言整理《胡适日记全编》(合肥:安徽教育出版社,2001)第六册,656页。
[2] 沈曾植《海日楼札丛》(北京:中华书局,1962)卷六有不少讨论道教的文字,其中如讨论《太平经》、讨论《道藏》缘起、讨论中黄太一、讨论王灵期、宋文明各条,都相当有开创性。但是目前还不能断定具体的写作时间,只能说它们大体撰写于20世纪的前二十年中。

道评议》(1914)；张尔田有《真诰跋》(1930)，但这都是博学的文献学家偶尔关心，算不上真正的现代学术研究。

我大体统计了一下，从1920年代到1930年代，关于道教的文章不过就是十几二十篇，比如邵瑞彭（《太平道缘起》，《中大季刊》1卷1期，1926）、刘国钧（《两汉时代道教概说》，《金陵学报》1卷1期，1931.5）、蒋维乔（《道教思想的由来及其哲学》，《光华大学半月刊》2卷6—10期，1934.3—6）、中一（《太平道与五斗米道》，《（北平）华北日报·史学周刊》，1934.9.13）等人的文章，水平都很一般，大多是泛泛而论。1930年代前后，受日本的影响，开始有学者对道教和道教史作总体概论式的叙述，最早像日本学者小柳司气太概论式的《道教源流》，由傅代言中译，1927年在上海中华书局出版；此后，有傅勤家的《道教史概论》(1934)和《中国道教史》(1937)。后面这一本曾收入王云五主编的"中国文化史丛书"里，产生过一定的影响。不过依我看，他主要还是吸取了日本人的研究，做了一点加工、概括和叙述。中国学者里，真正受过现代宗教学训练的道教研究者是许地山（1893—1941），他在1927年写过一篇《道家思想与道教》（《燕京学报》2期，1927.12），1934年写过一部《道教史》上册。可惜的是，《道教史》上册还没有真正涉及作为宗教的道教，还只是"道教前史"，只有上册，没有下册，也许是因为他去世比较早的缘故吧。

所以，我们还是得回到陈寅恪。在中国学界真正作为典范、有开创意义,又很能体现中国学者取向和风格的道教史研究,应该是1933年的两篇论文[1]。一篇是胡适的《陶弘景的真诰考》,发表在《庆祝蔡元培先生六十五岁论文集》(又收入《胡适论学近著》第一册卷二),讨论了陶弘景的《真诰》与佛教《四十二章经》的关系,因为它涉及中古道教史的一个关键,也就是佛道关系,而且文献研究也相当深入,涉及灵宝与上清两系经典的形成[2]。当然,如果这还算不上专门针对道教,只是涉及佛道关系的文献学研究,那么,真正属于道教史研究的,就是1933年陈寅恪的这篇《天师道与滨海地域之关系》了,它发表在《史语所集刊》第三本第四分上。他特别关注的几个中古历史要素,不仅仅针对天师道,而且适用于整个中古史,如地域(对天师道史来说,就是提醒人们关注滨海地区,这是中外文化交流之所)、家族(中古时期,无论佛教、道教都有大族士人世代传习的现象)[3]、政治(宗教介入政争,以及与皇权的冲

---

[1] 在这两篇论文之后,有1935年汤用彤在《国学季刊》第5卷第1期发表的《读太平经书所见》,这篇文章考证了道教最早的经典《太平经》和《太平经钞》的关系以及真伪、佛教和道教的早期交涉,他对《太平经》的研究以及他的研究生王明整理《太平经》,也为中国学界有关道教史的现代研究奠定了一个基础。参看葛兆光《王明与历史语言研究所》,载史语所七十周年的纪念文集《新学术之路》(台北:"中研院",1998),539—551页。

[2] 此文现又收入《胡适文集》(北京:北京大学出版社,1998)第五册,126—142页。

[3] 陈寅恪《隋唐制度渊源略论稿》(北京:中华书局,1963)"魏晋南北朝之学术、宗教,皆与家族、地域两点不可分离",17页。

突)、文化（如习医、方术与书法），这才真正地提示了中古道教史研究的大问题，也关系到中古中国的中外关系与政治文化。

这就是1933年，陈寅恪先生对中古道教史研究给出的几个关键或者说要点。和欧洲、日本学者研究道教各有关注重心和问题意识一样，陈寅恪也有自己的关注重心和问题意识。他通过这篇文章告诉我们的是，中国的道教史研究应当从这些历史大背景入手，也就是应当关注"历史语境中的宗教"，因为这才能把道教的"小历史"和中古中国的"大历史"挂上钩。

二、地域、文化、政治：陈寅恪有关天师道史的重要观点

现在，让我们再回过头来，看1939年邓先生的听课笔记。

过去，我们看到陈寅恪有关中古史的讲课记录，主要是万绳楠的《陈寅恪魏晋南北朝史讲演录》，这是1947—1948年他在清华大学讲课的记录，第四篇即《西晋末年的天师道活动》（65—73页）[1]。但这是比较晚的记录，而邓广铭先生听课是在1939年8月，这时，陈寅恪的《天师道与滨海地域之关系》一文虽已经发表，但进一步讨论中古非汉族群（如羼）与天师道关系的《魏书司

---

[1] 万绳楠《陈寅恪魏晋南北朝史讲演录》（合肥：黄山书社，1987），65—73页；"陈寅恪集"中的《讲义及杂稿》（北京：生活·读书·新知三联书店，2001）中虽然有几种讲义和备课笔记，但都是陈氏自己准备的，不是听课的实录。

马叡传江东民族条释证及推论》(1944)[1]，以及讨论北朝道教与政治的重要文章《崔浩与寇谦之》(1950)，却还没有发表。

不过，在讲课笔记里，我们看到这几篇论文的一些核心内容，他基本已经提及，这说明有关天师道历史的这些问题，大概在他心里已经盘旋很久，早已想得很成熟了。在讲课时他发表了一些很重要的观点。其中，我特别注意的是以下三点——

第一点，陈寅恪特别强调中古时期的天师道，由于是在滨海地区，所以容易受外来文化的刺激和影响。但是，因为传统文献把五斗米道、太平道看成是道教源头，并不太注意滨海地区，陈寅恪先生找出很多史料，来证明其实天师道的活动，与滨海地区有很大的关系。

大家都知道，陈寅恪的中古史研究始终注意地域的差异。中古时代有很长的分裂时期，过去，历史学家们对中古历史的地域因素，普遍的关注焦点是在南北方向，即游牧民族南下，中原汉人再南下，中原胡化与汉化，南方汉化与夷化，这就是所谓"中古中国地理的定义再定义"。但中古历史变化不光是南北这一条线，实际上东方和西方、文化的核心区和边缘区，也不太一样。帝国地理、

---

[1] 《天师道》一文中，已经讲到"巴賨为笃信天师道之民族，范长生本为天师道之教主"，所以，十六国时代李氏建立前蜀，"实有宗教之背景"。

政治、文化的统合，虽然从秦汉就已开始，但还是有漫长的过程，而中外文化的交流，也不仅仅是陆路，即西域与中原这一条线。陈寅恪猜测，东部的滨海地区，也是中古时代中外交通的重要地点，滨海地区天师道的兴盛，恐怕是受到外来的影响。

这一点是陈寅恪的大胆推测，坚实的证据并不算多，因为中古本来史料就少。但他还是借助前人论述，以有限的史料，大胆做了一些论断。比如讲课的时候，他从《魏书·艺术·殷绍传》中传数术的成公兴"字广明"这一点说，"'广明'之'明'字，亦与'道'、'灵'、'元'诸字相同，为天师道之一种标志也"；更接下去说，汉末以来史书记载妖贼，常常用"明"字，像天师道的仙山，就叫四明山；而"沿海一带港湾，亦多带'明'字者，此直接与天师道有关，而间接与摩尼教有关。摩尼教以明暗二元解释宇宙现象，朱子居福建，伯希和谓其二元学说得自摩尼教，虽未必尽然，但朱子实亦直接受道家影响，而间接受摩尼教影响者"[1]。他又根据成公兴"自云胶东人也"进一步猜测，说"天师道世家多居

---

[1] 伯希和认为，摩尼教对宋代理学产生影响，见伯希和（王国维译）《近日东方古言语学及史学上之发明与其结论》，载《国学季刊》（1923）1卷1号，155页。后来陈垣《摩尼教入中国考》第十四章《南宋摩尼复盛》中也说道"宋儒理欲二元之说，实与摩尼教旨有关"。1931年，伯希和在《高地亚洲》中再次提及这一说法，见耿世民译《高地亚洲》（与《中亚简史》合为一本，中华书局，2005），190页。以上参看王楠、史睿《伯希和与中国学者关于摩尼教研究的交流》，载《张广达先生八十华诞祝寿论文集》（台北：新文丰出版公司，2010），1288—1290页。

胶东，即琅琊、东筦（？）等地[1]，其地近海，为船舶停泊及登陆处。姚兴时，法显自印度求律返，乃至青州长广郡不其劳山，劳山或称牢山，青州即今日之青岛，即胶东"[2]。

这一点大概和汤用彤的意见不同，却和胡适的意见相近。胡适一直有一种看法，就是佛教可能不只从陆路，也从海上传来。1937年胡适校读汤用彤《汉魏两晋南北朝佛教史》的稿本，就向汤用彤提出过，佛教传来也有海上这一条路，并且说道"《太平经》一系的道教，多起于齐地，最早作《包元太平经》的甘忠是齐人，其信徒贺良、李寻等皆是齐人。东汉作《太平清领书》之于吉与信徒襄楷也都是齐人。《太平经》与佛教有关，是锡予（汤用彤）承认的"[3]。这个看法，固然和他治战国思想史时特别强调"齐学"有关，但涉及滨海地域与宗教的关系，却和陈寅恪的看法不谋而合，不知道是不是受到陈寅恪文章的启发。不过，陈寅恪的这个猜测，在1933年正式发表的《天师道与滨海地域之关系》里说得还很克制，很有分寸。一方面说据他考证，讲神仙传说的战国方士和讲大

---

[1] 山东大学的孙齐先生指出，"东筦（？）"当为"东莞"，当指东莞刘氏如刘穆之（字道民）、刘秀之（字道宝）等为天师道世家。特此致谢。

[2] 章巽《法显传校注》（上海：复旦大学出版社，2015）载法显乘船回国，最终"到长广郡界牢山"，东晋之长广郡属北青州，治不其等四县，不其县治在今崂山北。136—137页。

[3] 曹伯言整理《胡适日记全编》（合肥：安徽教育出版社，2001）第六册，1937年1月17日，641页。

九州岛的邹衍,都出自滨海的齐地,东汉末的方士襄楷、于吉、宫崇,也算是滨海地区出身,张角的道术"传自海滨",张道陵也曾经在丰、沛待过,"丰沛又距东海不远",东晋的孙恩、卢循也在海边活动,"武力以水师为主",后来道教人士如葛洪、鲍靓、许氏、陶氏、吴兴沈氏,来自丹阳与东海,也与"三吴及滨海之际"有关,"凡信仰天师道者,其人家世或本人十分之九与滨海地域有关"。另一方面,他在最后的《附论》中做出推论,说"信仰之流传,多起于滨海地域,颇疑接受外来之影响"。他认为,两种不同民族之接触,如果是武的方面,常常在交通阻塞山岭险要的地方,但关于文的方面也就是文化接触,多数在交通方便也就是海滨港湾地带。他用了"颇疑"二字,表示一种审慎的态度,但在课堂上,他却讲得很直接,猜测也很大胆。

这让我想到有关佛教入华的问题,尽管学界最普遍接受的是佛教经过西域传来的说法,但伯希和、梁启超、胡适,这三位了不起的中外学者,都不约而同地相信佛教也可能从海上传来的说法。为什么?除了《牟子理惑论》出自南海之交州之外,还有什么观念促使他们把目光投向"滨海地区",去寻找外来文明入华的另一途径呢?

第二点,说到滨海地域有利于文化交流,不免就要讨论外来的佛教与本土的道教之关系。在陈寅恪看来,中古时代最引人瞩目的文化交错,就是佛教对传统中国的影响,而天师道史就要放在外来佛教的背景下观察。

让我先引胡适与汤用彤的一次对话。胡适日记里提到，他"到北大，与汤锡予先生畅谈。……他（汤）又说：颇有一个私见，就是不愿意说什么好东西都是从外国来的。我也笑对他说：我也有一个私见，就是说什么坏东西都是从印度来的！我们都大笑"[1]。其实这两句玩笑背后，是两个人的不同立场，汤用彤多少有些民族文化本位立场，所以总是避免说中国的好，是来自外国；而胡适则多少有点儿当时五四启蒙派反宗教的立场，所以说佛教带来了迷信，没带来什么好东西。可是你看陈寅恪，却很有意思，表面上他很重视三纲六纪，很有点儿现在说的"文化本位主义"，但他却总强调，中古中国受到外来文化尤其是佛教的巨大影响。

在讲课时，他把北方天师道的兴盛，以及寇谦之的"清整道教"，说成是受佛教影响。他先是说，"六朝时佛律盛行于南，而败坏于北"，"北朝自苻秦、姚秦后，信佛者无'律'，是时孙恩适败于南方，寇谦之乃于北方改革天师道"。再说"由于佛律之影响，当孙恩等失败后，寇谦之及崔浩皆有一新观念，欲改革天师道，而此新观念皆包括于《神中录图新经》一书中"。更说"孙恩失败于南，为天师道极大之打击，崔浩之焦虑可想见，适逢寇谦之，遂尊奉之"，而"寇谦之利用佛律改革天师道"。这是不是历史事实？似

---

[1] 曹伯言整理《胡适日记全编》第六册，642页。

乎还很难证实，只是陈寅恪先生的一个猜测，但这种猜测表明，陈寅恪先生特别重视天师道历史中所受到的外来佛教影响。

不仅如此，在讲课中他还进一步推论，很多中古知识都有外来背景，特别是道教擅长的医学。"天师道世家多居海滨，接受外来之医学医术，即为养生修道之事。父子相传，故云尔。""又如《素问》为问答体，□系与天师问答之记录，岐伯恐即六朝之耆域、耆婆（Qivak，有寿命之意）。《隋书·经籍志》记耆婆之方甚多，此亦出于印度之神话，与中国神话中之神农同。《高僧传》有《耆域传》，云西晋来华，在洛治病。实则绝无其事。有人于中西交通史且引其事，非是。又，《巢氏病源候编》《外台秘要》均有耆域之方。《经籍志》又述有耆婆所说《仙人命论方》二卷等书，又有《西域名医所集药方》四卷"，同时他顺便提到"华佗亦无其人，为印度之 Agadha"[1]。

熟悉陈寅恪先生论著的人都知道，这种通过对音查考渊源的推测，也曾出现在1930年陈氏《三国志曹冲华佗传与佛教故事》一文中。他说，"外来之故事名词，比附于本国人物事实，有似通天老狐，醉则见尾"。他以为竹林七贤的"竹林"就来自佛教名词，即 Velu 或 Veluvana，说"因名词之沿袭，而推知事实之依托，亦审

---

[1] 陈寅恪《三国志曹冲华佗传与佛教故事》中作"agada""阿伽陀"，见《寒柳堂集》（北京：生活·读书·新知三联书店，2001），179页。

查史料真伪之一例也"[1]。后来,在1949年发表的《魏志司马芝传跋》中,他也用同样的方法推测说,曹洪等人信仰的"无涧神","疑本作'无间神',无间神即地狱神,'无间'乃梵文 Avici 之意译,音译则为'阿鼻',当时意译亦作'泰山'"[2]。陈寅恪讲课时的大胆推论,最终也写在了《崔浩与寇谦之》一文中[3]。

如果仅仅考证一两个案例,是对是错只是他对具体史料的判断,但问题是,陈寅恪却将推测提升一步,变成了全称判断,他在讲课中说,"中国全部医学,皆来自外国,今日医学来自阿拉伯,唐以前则来自印度,大文算术之发展变迁,亦全受外国影响,天师道实为外国学问之吸收者及发展者,遂成一时一代学术之代表。寇谦之好天算之学,即全受印度影响"。这一说法,大概在1939年讲课时还只是在酝酿中,但十年后在《崔浩与寇谦之》一文中则郑重提出[4]。他说,道教史的变化常常是因为受外来学说,尤其是佛教之刺激,他特别指出,这是"吾国接受外来学说及技术之一重公案,自来论中西交通史及文化学术史者,似尚未有注意及之者"。他举例说,殷绍和寇谦之学习"医学算学之名师,皆为佛教徒"。

---

[1] 陈寅恪《三国志曹冲华佗传与佛教故事》,《寒柳堂集》,179、180页。
[2] 陈寅恪《金明馆丛稿二编》,89页。
[3] 参看陈寅恪《崔浩与寇谦之》,《金明馆丛稿初编》(北京:生活·读书·新知三联书店,2001)"耆域之名出于中央亚细亚之文,名著婆则纯粹梵文",128页。
[4] 陈寅恪《崔浩与寇谦之》,《金明馆丛稿初编》,128—136页。

所以,"自来宗教之传播,多假医药天算之学以为工具,与明末至近世西洋之传教师所为者,正复相类",而寇谦之、殷绍所受的周髀算术,"即从佛教受天竺输入之新盖天说"[1]。不过,由于这是正式发表的论文,他说得还是很克制,只是说殷绍、寇谦之受到影响,也只是说佛教徒传入"新盖天说"。但他特别强调了"吾国道教虽其初原为本土之产物,而其后逐渐接受模袭外来输入之学说技术,变易演进,遂成为一庞大复杂之混合体","二千年来道教之发展史,每一次之改革,必受一种外来学说之激刺,而所受外来之学说,要以佛教为主",并且他提出,要以佛藏和道藏进行"比较探求"[2]。

这一说法相当大胆。其实,我觉得这是陈寅恪先生解读天师道渊源时,相当强烈的主观推论。比如,天师道因为依赖文字符箓,故有书法之传统,这在《天师道与滨海地域之关系》中已经提及,但陈寅恪在讲课的时候,则更提升一步说"中国之草书,恐受有阿拉伯文字影响。《朱子语类》谓王羲之书不如番人。颇疑草书或即阿拉伯字之直写。南朝□□不解此故,王羲之之以字换白鹅,当因鹅血可以解金丹之毒"。这恐怕是陈寅恪尚未小心求证的大胆想

---

[1] 在文章中,他又引述了《开元占经》所载梁武帝"于长春殿讲义,别拟天体",指出这明显是以天竺之说,即他所谓的"新盖天说"来排斥"旧浑天说"。陈寅恪《崔浩与寇谦之》,《金明馆丛稿初编》,127、132页。

[2] 陈寅恪《崔浩与寇谦之》,《金明馆丛稿初编》,126页。他举出的例子,就是胡适也曾论述过的《真诰》与《四十二章经》的比较。

象。而天师道的禳星拜斗，他也说，"天师道源于印度，有北斗七星，及北斗护摩，故拜斗为天师道之一种礼节，即丧终尽礼，不违佛道，由是可知天师教之为物"。这可能更有些主观了，因为古代中国知识史上很早的一个特点，就是崇尚北极与北斗。"斗柄朝东，天下皆春"，无论是河南濮阳西水坡仰韶文化遗址的45号墓蚌壳与骨骼摆成的青龙白虎加北斗图像，还是曾侯乙墓棺盖漆箱上的北斗二十八宿图像，都可以证明这一点。而李约瑟在《中国科学技术史》的论述里，也说到过古代中国有关北极北斗崇拜的特点。但陈寅恪这样强调和渲染，显然有另一重意思，即引领与提倡宗教史上比较和联系的学术取向。

我们不妨拿胡适和陈寅恪进行对比。胡适很坦率地表明他对佛教的批评，他在唐德刚的访谈中承认，"我对佛家的宗教和哲学两方面皆没有好感。事实上我对整个的印度思想——从远古[的《吠陀经》]时代，一直到后来的大乘佛教，都缺少尊崇之心。我一直认为佛教在全中国[自东汉到北宋]千年的传播，对中国的国民生活是有害无益，而且为害至深且巨。……我把整个佛教东传的时代，看成中国的'印度化时代'（Indianization period）。我认为这实在是[中国文化发展上的]大不幸也"[1]。但陈寅恪却不同，他并不否认佛教入华对中国文化的正面提升，尽管他的侄子陈封雄

---

[1] 唐德刚译注《胡适口述自传》第十二章，广西师范大学出版社，2005，244页。

说他对佛经研究兴趣很深,"但他又绝对不信佛"[1],但在吴宓日记里,记载他在1919年就说,"佛教于性理之学Metaphysics,独有深造,足救中国之缺失,而为常人所欢迎。……自得佛教之裨助,而中国之学问,立时增长元气,别开生面。故宋、元之学问、文艺均大盛,而以朱子集其大成"[2]。

所以,如果允许我做一个猜想,那么,假如陈寅恪参与前面胡适和汤用彤的对话,成为"三人谈",我想,当汤用彤说不能"说什么好东西都是从外国来的",胡适说"坏东西都是从印度来的",那么,陈寅恪可能会说,中古中国的知识、文化和思想,"无论好坏,大多是外来的"。

第三点,道教与中古"胡汉"及政治史的问题。尽管陈寅恪那么强调外来文化影响,并且对佛教影响有很高的评价,但他在讲课中仍然说,外来文化要经过"汉化",北朝外族人"均需汉化方能建国统治"。"淳朴即野蛮,变风即汉化。"那个时代,凸显汉族民族本位,是很多学者下意识的或不自觉的想法,也是陈寅恪一贯的立场。像前引1919年陈寅恪与吴宓的议论中,他就说,中国人受外来佛教影响,"既喜其义理之高明详尽,足以救中国之缺失,而又忧其用夷变夏",所以必须"求得两全之法"。中国人对外来

---

[1] 陈封雄《册载都成断肠史》,见《追忆陈寅恪》(北京:社会科学文献出版社,1999),441页。
[2] 《吴宓日记》(北京:生活·读书·新知三联书店,1998)第二册,102—103页。

第一讲 探寻中古宗教的历史语境

学说，不得不偷梁换柱，改头换面。就像后来的儒家"声言尊孔辟佛，实则佛之义理，已浸渍濡染，与儒教之宗传，合而为一"。这是爱国济世的苦心，也是陈寅恪在《冯友兰中国哲学史下册审查报告》中，为什么特别强调道教对输入的思想，"无不尽量吸收，然仍不忘其本来民族之地位。既融成一家之说以后，则坚持夷夏之论，以排斥外来之教义"的原因[1]。

中古时期的北方，当时在非汉族人即鲜卑族统治之下。陈寅恪认为，尽管北方被胡人统治，但毕竟汉人多于胡人，力量也大于胡人。"故胡人之欲统治中国，必不得不借助于此种汉人之大族，而汉人大族亦欲借统治之胡人以实现其家世传统之政治理想。"他认为，这是"北朝数百年间胡族与汉族互相利用之关键"，中古政治社会的大变动，都与此息息相关[2]。所以，作为旧儒家领袖的崔浩和作为新道教教宗的寇谦之，就有了合作的基础，陈寅恪特别强调天师道与世家大族对北方"汉化"的意义。在讲课记录中，他提到崔氏与天师道的关系，又说崔浩以前，一直到崔浩的时代，在价值观上，士大夫所凭借的已经是文化而不是种族，特别是在崔浩的时代，因为北魏厉行汉化政策，已经泯灭了种族界限，社会上看重的等级，以胡化汉化为别，文化高于种族。而崔浩是天师道信徒，希

---

[1] 陈寅恪《冯友兰中国哲学史下册审查报告》（作于1934年），《金明馆丛稿二编》，284页。
[2] 陈寅恪《崔浩与寇谦之》，《金明馆丛稿初编》，141—142页。

望在政治上实现理想,"朝之南北,在所不论"。而且,他们在北朝已经进入政权主流,经历了几代人,这些政治举措,只是因为他的信仰,并不是因为他们私通南朝。因此,一方面崔浩成为士大夫文化的寄托之人,另一方面崔浩又以天师道的"种民"自居[1],坚持品鉴人伦,还有种种计划。这样,把社会等级从统治者的族群差异,转向门第和文化上的差异,这就不能不引起鲜卑贵族的反感,所以深文周纳,罗织罪名,导致了崔浩之死。

这一说法,当时并没有写出来,直到 1950 年发表《崔浩与寇谦之》的时候,才正式发表。不过,从这份讲课记录中可以看到,这些想法已经在陈寅恪心中酝酿很久了。

三、中古道教史研究的大关节:重要的不是解决问题,而是提出方向

坦率地说,陈寅恪关于天师道的论述,带有他的想象和推测。南方天师道是不是在"滨海地域",接受了外来文化并且因此兴盛?北方寇谦之清整道教,是否受到南方佛律之影响,以及孙恩失败的

---

[1] 听课笔记中说,"即彼等以此亦抱有'种民'(Selected people)观念。为求其道之实现,则参加政治活动,天师道信徒眼中之老庄,乃一有礼法之智者,非如世人眼中毁去礼法之老庄也"。按照陈寅恪《崔浩与寇谦之》的说法,"种民之义,实可兼赅道德之善恶及阶级之高下而言",就和儒家说的君子、小人,意思差不多了。见《金明馆丛稿初编》,139 页。

刺激？这里还是缺少直接的和关键的证据链。胡适就对他的《天师道与滨海地域之关系》和《崔浩与寇谦之》有不同意见，认为天师道与滨海地域的关系，"不可看作普遍的'定论'"；觉得寇谦之反对三张伪法，并不是天师道，也与滨海地域无关；名字带"之"字的并不都是道教徒[1]。如今中生代学者像刘屹，也曾经一方面说，"陈先生此篇的论述有不很准确的地方"，另一方面说，"今之学人很少有人能赞同和理解陈先生关于道教信仰与滨海地域关系论述中的应有胜义"，他怀疑，除了汉中的"三张米道之外，道教还应有'东部传统'的存在"[2]；而另一位中生代学者吕鹏志，则举出有关道教起源地域的很多论述，说明除了滨海之外，还有西南（如 Leon Wieger、向达、酒井忠夫、蒙文通及卿希泰等都指出过）、楚地（饶宗颐、丁煌也指出过）、北方（如张勋燎指出过），甚至还有域外（如施舟人、Rolf Stein 所指出的）[3]。

显然，陈寅恪的说法没有得到一致认同。

所以，连陈先生自己也说这些只是"略加推测解释"[4]。像他

---

[1] 见杨联陞《道教之自搏与佛教之自扑补论》（1962年9月3日），载《论学谈诗二十年》（合肥：安徽教育出版社，2001），471页。

[2] 刘屹《神格与地域：汉唐间道教信仰世界研究》（上海：上海人民出版社，2011），190、220页。

[3] 吕鹏志《关于早期天师道与地域文化之关系的几种学说》，载《弘道》（香港：香港道教学院，2001），31—37页。

[4] 陈寅恪《崔浩与寇谦之》，见《金明馆丛稿初编》，120页。

论述"寇氏一族原从汉中徙至冯诩"（124页），所以，从天师道区域带来了世代信仰，他特意在前面加"颇疑"二字，表示只是猜想；他论述寇谦之"不得不又从佛教徒模袭其输入之律藏以为清整（道教）之资"，并从他采用佛教天算医药之学一点转过来推论，所以他也用"此自然之理也"（135页）六字，来表示这只是顺理成章的推理；而有关"高公出生时实受道教之名"（123页）一句，前面也加了一个"想"字，表示是自己的推断；说到崔浩上书，专门提及"人神接对，手笔灿然"，而寇谦之一门"亦有能书之人或别丐能书者为之代笔"，在前面他也用了"颇疑"二字，表示这是他的推测；至于他说，南方天师道依托仙真手笔扶乩的方法，可能由于宋武灭姚秦，南方风气传入北方，"寇谦之遂得模窃之"，更是自己打了问号，说"姑记此疑，以俟详考"（141页）。

可是我特别想强调的是，其实，历史研究最重要的并不一定是个别案例的根本解决，而是提出问题、提供线索，通过关键性案例，引发对整体历史的重新审视[1]。最近，看到新发现的陈寅恪致傅斯年信函，其中有一封信，大约写于1931年（比《天师道与滨海地域之关系》一文撰述时间稍早），其中谈及宗教史研究，很反映陈寅恪的想法。他说："日本人研究中国佛教史成绩甚佳，中国

---

[1] 道教史研究和中古史研究的关系，刘屹在《近年来道教研究对中古史研究的贡献》一文中已经以国际国内学界道教研究的情况宏观地讨论过，见《中国史研究动态》（北京）2004年第8期，12—20页。这里只是就陈寅恪的研究来讨论。

史亦佳。而研究佛教史之徒，大抵僧徒或语言学者。而于中国史之智识甚浅薄。彼国之治中国史者又多不涉及此范围。故弟拟合并此二者，以与日人一较量。"他用"较量"这个词，语气很重，"较量"也就是"比赛""竞争"，甚至"学战"。那个时代，中国学者普遍有这个雄心，陈寅恪、傅斯年和陈垣都说要把汉学中心从东京或西京"夺回来"。记得在一封要求史语所购买欧洲有关论著的信里，陈寅恪也说，如果缺乏那些必要的资料，恐怕无从与日本学者"一较短长"。显然，从这封陈寅恪给傅斯年的信里可以看出，他设想与日本学界在宗教史领域"较量"的途径，就是把宗教史和中古史结合起来，改变宗教史脱离历史背景的缺陷[1]。

请容许我在这里做一个推想。陈寅恪这一研究的意义，就是前面说的，把天师道的"小历史"纳入中古中国的"大历史"，或者反过来说是从中古中国的"大历史"来看天师道的"小历史"，在他研究中古中国宗教的案例中，几个大的中古史关节被凸显出来，并被用来透视天师道的起伏兴衰。这里就涉及一个话题，就是宗教史研究要不要有更大的历史理解？放大了说，研究者对于中古中国历史变迁大势，要不要有几个关键的重心作为切入点？让我用一个不那么恰当的例子——美国学者陆威仪（Mark Edward Lewis）在撰

---

[1] 这几封信刊载在一家拍卖公司网站上。见微信公众号"听月楼联话"（2023年8月13日，访问时间：2025年2月8日）。

写《哈佛中国史》第二卷的时候，一开始就交代，他理解中国中古史始终有五个要点：一是"中国"地理的重新定义，这涉及魏晋南北朝时期的南方开发和北方族群交融；二是新的社会精英，这涉及门阀大族的兴衰、较低级士族以及军事将领的崛起；三是采用世袭制的军人与军事组织，这和中古时代族群、战争以及社会组织都有关系；四是朝廷在军事力量的支持下逐步与社会、民众隔离，这影响到帝国的政治结构；五是宗教的兴起，这就是佛教与道教，也和我们讨论的问题相关。陆威仪认为，通过这五个关节的透视，中古中国才呈现出清晰的历史脉络[1]。

陈寅恪先生呢？虽然他没有直接说，但显然有他的问题意识。在1941年写于许地山纪念特刊的一段文字中，他说自己对道教的研究，"仅取以供史事之补正"，但是对于道教的思想义理，也就是"微言大义之所在，则未能言之也"[2]。不过，他对中古中国的历史研究中，始终有几个大关节，第一是族群，第二是地域，第三是宗教，第四是家族[3]，而天师道的历史正是他论证中古中国历史这几个大关节的绝好例证。尽管我们说，陈寅恪关于滨海地域天师道和北方崔

---

[1] 陆威仪《分裂的帝国：南北朝》（卜正民主编《哈佛中国史》之二，李磊译，北京：中信出版社，2016）"导言"，2—6页。
[2] 陈寅恪《论许地山先生宗教史之学》，载《金明馆丛稿二编》，360页。
[3] 族群，即汉族与异族之间的涵化与交错；地域，即南北文明、东西区域的对峙、交流与分化；宗教，即外来新宗教与本土旧宗教的交错，亦即华夏文明的变迁；家族，即各个贵族世家的地位升降与势力转换。

浩、寇谦之的这些论述，未必可以一一坐实，但他对于这段历史具有穿透力的想象，就给研究中古道教史，提示了四个要点：第一个是要注意中古本土道教与外来佛教的交互影响，这种中外之间的影响乃是中古时代文明史的一大要素；第二个是要注意中古时代宗教的地域因素，虽然经历秦汉帝国制度与文化的统合，但是五胡之乱后原本大一统的中国各地重新出现政治分治、族群统治和区域风俗的差异，这还是会影响到各地域宗教与文化的走向；第三个是宗教史上的家族世代信仰传统，与南北朝时代氏族势力的重要性，这是近世历史中逐渐消失，但在中古时代却相当明显的现象；第四个是，因为这种宗教信仰与政治家族的关联性，要注重考察历史上的宗教与政治之间的紧密关系，毕竟，那个时代家族与政治密切相关[1]。

陈寅恪先生《天师道与滨海地域之关系》和《崔浩与寇谦之》发表于20世纪上半叶，邓广铭先生听陈寅恪讲天师道，距今也已经过去八十多年了。八十年来，毫无疑问，道教史研究有了很大的发展，特别近几十年间，国内国际的道教史研究真是有根本的变化。我们可以举出欧洲学者从马伯乐、康德谟、司马虚到刚刚过世的施舟人；日本学者从福井康顺（1898—1991）、大渊忍尔（1912—2003）、洼德忠（1913—2010）、吉冈义丰（1916—1979）、

---

[1] 其实，唐长孺先生涉及中古道教的《史籍与道经中所见的李弘》《魏晋期间北方天师道的传播》《钱塘杜治与三吴天师道的演变》等，都是在陈寅恪先生这个方向上做出的进展。

福永光司（1918—2001）到仍健在的小林正美；国内学者从王明（1911—1992）、陈国符（1914—2000）到卿希泰（1927—2017）。当然，也要包括如今国际国内道教研究界仍然活跃的柏夷（Stephen R. Bokenkamp）、孔丽维（Livia Kohn）、傅飞岚、劳格文等。我特别要指出，近年来国内道教研究的中生代学者如刘屹、王承文、吕鹏志、张泽洪等，在他们的努力下，道教史研究已经从附庸蔚为大国，甚至在传统中古史中也颇有影响。

如果简单归纳，我觉得值得注意的进展和成就，大概集中在以下四方面：

1. 道教文献研究。特别是借助涉及中古道教的敦煌文献，对中古道教文献的时代与性质，有了更深入更精细的认识。如早期道藏形成史、敦煌道经、《太平经》的多次编纂、《老子想尔注》的发现、《灵宝经》系列的考证、《真诰》、《洞渊神咒经》的时代、《化胡经》引起的争论、《五岳真形图》的意义，以及任继愈主编《道藏提要》，施舟人、傅飞岚主编英文版《道藏通考》，孔丽维主编英文版《道教手册》等。

2. 道教历史研究。由于《道藏》的影印出版，人们能够更广泛地阅读道教文献，对中古道教历史叙述的精确性大大提升，包括早期道教"领户化民"的组织形式、天师道的早期历史，上清、灵宝以及神霄、净明忠孝、全真等道教流派的历史等。

3.道教仪式研究。对于中古道教斋醮仪式的功能及象征，有更深刻的认识，如灵宝斋、涂炭斋、过度仪、厨会。

4.道教的社会史研究。底层社会的道教活动、道教文献，以及宗教人类学意义的调查，如施舟人、萨梭、傅飞岚、劳格文等的调查与研究。

但是，陈寅恪揭示的中古道教史的大关节，特别是宗教史和政治史的关系，是不是还是有点儿被忽略了呢？宗教史研究的专门化越来越严重，分工也越来越细密，仿佛"铁路警察各管一段"，这和过去历史学者分身来观察宗教史，似乎聚焦点、兴趣点不太一样。我始终感到，像陈寅恪这样并非主要研究宗教而是研究历史的学者，更容易关注这一方面，即历史语境；而在传统中国这种政治权力笼罩一切，宗教不能不臣服于政治之下的语境中，也许，宗教史和政治史恰恰应当是最重要的领域之一。这一点极为重要，这就是陈寅恪为什么要在《陈垣明季滇黔佛教考序》中强调"世人或谓宗教与政治不同物，是以二者不可参互合论。然自来史实所昭示，宗教与政治终不能无所关涉"。正因为如此，他才会高度赞扬陈垣的书是第一部真正的宗教史，"虽曰宗教史，未尝不可作政治史读也"[1]。

关于这一点，我将在第四讲中再仔细讨论。

---

[1] 陈寅恪《陈垣明季滇黔佛教考序》，《金明馆丛稿二编》，272—273页。

四、一点推测：陈寅恪对道教在思想、
　　学术与文化史上之意义的看法

最后，我想说一点和思想、学术与文化史研究有关的话题。作为一个研究思想、学术与文化史的人，我尤其注意邓先生听课笔记里，有以下两句话。

第一句，是在讲课中陈寅恪先生暗示的，在思想、学术和文化史上，佛教、道教的意义更重要，他不是那么看重儒家的思想学说，这一点显然和主流看法不同。邓广铭先生的听课笔记中，记载陈寅恪如是说：

> 道家传统研究自然与人之关系，非如儒家之仅重人与人之关系，故在学术上占重要地位。

这句话的意思，在1933年发表的《天师道与滨海地域之关系》一文中已经说过了，即"中国儒家虽称格物致知，然其所殚精致意者，实仅人与人之关系。而道教则研究人与物之关系。故吾国之医药学术之发达出于道教之贡献为多"[1]。这个论断非常值得注意。为什么？所谓"仅重人与人之关系"，正是陈寅恪较早前在《冯友

---

[1] 陈寅恪《天师道与滨海地域之关系》,《金明馆丛稿初编》, 36 页。

兰中国哲学史下册审查报告》中所说的,"二千年来华夏民族所受儒家学说之影响,最深最巨者,实在制度法律公私生活之方面,而关于学说思想之方面,或转有不如佛道二教者"。

在陈寅恪看来,代表中国思想的当然是"儒释道三教","三教之说,要为不易之论"。但他强调,第一,儒家在古代是典章学术之学,它的影响主要是在公私生活、法律制度。第二,"秦之法制实儒家一派学说之所附系",儒家强调的法律制度,其实就是儒家理想。第三,真正深刻的思想学术,恐怕恰恰在佛道二教中。因此他在这篇审查报告中,一再提及道教。先是说,新儒家的产生,有关道教方面,所受影响"甚深且远",但"自来述之者,皆无惬意之作";接着又说,道藏"迄今无专治之人",中古时代"道教变迁传衍之始末及其与儒佛二家互相关系",也就是中古道教史,也"有待于研究";在后面又再次说,新儒家的学说,"几无不有道教,或与道教有关之佛教为之先导"[1]。可是,冯友兰《中国哲学史》下册显然比较偏向儒家与理学,陈寅恪先生虽然表扬冯书是"取西洋哲学观念,以阐明紫阳之学,宜其成体系而多新解",但进一步指出,冯书过于围绕儒家和理学,因此举了不少例子来说明,冯友兰于佛教、道教及其对于新儒学之影响"犹有未发之覆"之缺憾。大家知道,陈寅恪为文往往"皮里阳秋"或"微言大义",想

---

[1] 陈寅恪《冯友兰中国哲学史下册审查报告》,《金明馆丛稿二编》,282—284页。

得多而深，因此这一点评论，恰恰与后来胡适对冯友兰的严厉批评，有相通之处[1]。

那么，应当怎样评价道教在中国思想史与文化史中的意义？除了佛道之间的交涉，道教对新儒学的启迪之外，陈寅恪先生提到的"自然与人之关系"，究竟应当怎样理解？听课笔记里，邓先生又记下陈寅恪另外一个相当重要的意见：

> "历元"——此为天师道学说之出发点，亦为其宗教、政治、经济等观念之基础。

这段话的意思，在陈寅恪各种论著中都没有明说，但是，也许对理解陈寅恪心目中道教在中国思想、文化与学术史上的意义，颇为重要，这里我尝试做一个推测。

很可能，陈寅恪觉得，道教重视"人与自然"的关系，恰恰与希腊罗马关注宇宙、自然与人的倾向类似，而这正是传统中国所缺少的。1919年，他曾对吴宓说过，中国古人"擅长政治及实践伦理学"，这是长处也是短处。古代中国不如希腊的地方在哲学、美术和科学，而古希腊的最大长处，就是提升到宇宙根本处的哲学和

---

[1] 关于陈寅恪对冯友兰《中国哲学史》一书的评价，参看葛兆光《预流的学问：重返学术史看陈寅恪的意义》，《文史哲》（济南）2015年第5期，特别参看17页注3。

科学,这种学问精深博奥者,"亘万古,横九垓,而不变。凡时凡地,均可用之",而"中国孔孟之教,悉人事之学"[1],也就是前面所说仅仅重视"人与人的关系"即社会伦理。那么,道教和儒家不同,特别关注自然与人的关系,表现在哪里呢?在陈寅恪论天师道的论著中可以看到,就在于天文、历算、医药,即古代方技、术数之类。现在很多研究都证明,道教确实继承了古代中国如《汉书·艺文志》中六类知识的不少内容,比如数术、方技,尤其是房中。而这些知识,与古人对天、地、人的观察和揣测有关,由天、地、人衍生出来的历算、堪舆和医药之学,似乎又都有一个根本,即宇宙间万事万物,会经由阴阳、五行等要素,"同(根)源、同(结)构、互感(应)",这使得古代有一个庞大而且互联,可以纲举目张的知识系统。陈寅恪一再提醒,"吾国医术与道教之关系","天师道世家皆通医药之术"(《天师道与滨海地域之关系》,31、36页),又提示"天算之学于道教至为重要",寇谦之和崔浩"采用佛教徒输入天算医药之学"(《崔浩与寇谦之》,130、134页)。我推测,依照陈寅恪的想法[2],这种涉及天地人的古代知识之总基础,就是所谓"历元"。按照传统说法,"历元"是宇宙之始,"初,

---

[1] 《吴宓日记》(北京:生活·读书·新知三联书店,1998)第二册,101页。
[2] 陈寅恪在《天师道与滨海地域之关系》和《崔浩与寇谦之》两文中多次提及天师道士的"医道"(陈郡殷氏)、"通医药之术"(丹阳陶氏、寇谦之)、"天文算学"(殷绍、寇谦之)。

始也，谓历元也","太极即太初，此所谓历元也"。有人说，历算家从这个太初开始，往下才能造历"推其数以定将来"[1]。众所周知，古人尤其是所谓道家常常讨论"道生一一生二二生三三生万物"或者"太一生水，水反辅太一，是以成天"之类，其实，这就是要给宇宙、自然和人找一个源头，寻一个基础。这个源头或基础不正确，就会导致紊乱，就像陈寅恪所说"道家之说，以历元当用寅，否则天下大乱"，"历元正则阴阳和，阴阳和则年谷熟，人民安乐，天下太平"[2]。而天师道的学说正继承了这一古代传统，以这个"历元"为出发点或者基础，然后顺流而下给人类面对的宇宙万事万物，找到理解、应对和处理的方法。而这些理解、应对和处理宇宙万事万物的思想与方法，恰恰就是道教在古代中国思想、学术和文化史上的重要意义。

其实，这几十年来的中国思想史和文化史研究，与考古新发现、人类学田野调查互相刺激，彼此激荡，也特别开始眼光向下，眼睛不再仅仅盯着儒家经典、中古玄学、隋唐佛教、宋明理学、清

---

[1] 关于"历元"的解释非常多，很多古代历算家认为，如果不能"分明历元，综校分度"，就会出现社会问题，见《后汉书》志第二《律历中》，3025页。这里选取较简明的说法。见王夫之《礼记章句》（长沙：岳麓书社，2011）卷六"月令"，377页。孙星衍《尚书今古文注疏》卷二五，483页。王夫之《尚书稗疏》（长沙：岳麓书社，2011）卷二论"三正"，94页。

[2] 《崔浩与寇谦之》，《金明馆丛稿初编》，157页。可惜陈寅恪没有对这个问题详细论证下去。

代考据学，而是注意到了方技、数术，以及道教等原本不登大雅之堂的古代知识信仰，有着深刻的思想史和文化史意义，也注意到了一般知识、思想和信仰世界的存在。可是，陈寅恪先生讲课的时代，却并没有这样的意识，所以他会认为，历来治中国思想、学术与文化史的论著，都把儒家政治、社会和伦理放在聚焦处，而对道教的贡献太过忽略了。

第二讲　文化史的背阴面
——从胡适、杨联陞对中古宗教自扑自搏风习的通信说起

引言：从胡适和杨联陞的通信说起

先讲一个传说。

北魏的神瑞二年（415）十月，北魏寇谦之（365—448）在嵩岳修炼，据说太上老君降临，不仅授给他"天师"称号，而且交给他一部书，即《云中音诵新科之诫》，要求他去"清整道教"。所谓"清整"，就是"除去三张伪法、租米钱税，及男女合气之术"。八年以后的泰常八年（423），又传说太上老君的玄孙李谱文降临人间，赐给寇谦之《天中三真太文录》，让他统率道民"立坛宇，朝夕礼拜……其中能修身练药，学长生之术，即为真君种民"。

这是《魏书·释老志》里记载的故事[1]。什么是《云中音诵新科之诫》？寇谦之如何"清整道教"？怎样才能成为"真君种民"？

---

[1] 《魏书》卷一一四《释老志》（北京：中华书局，1974），3050—3052页。

这个故事里隐藏着中古道教很重要的一段历史。前一讲里，我们提到陈寅恪先生曾经写《崔浩与寇谦之》，对这一事件进行过研究，不过陈先生关注的重心，不是宗教史自身，而是宗教史与政治史相关的问题[1]。到底"三张伪法"有什么不好？什么是"租米钱税，男女合气"？为什么道教要以"礼度"，也就是儒家礼乐制度为首？其实，这里有一些早期道教不愿告人的秘密。

历史上有很多不为人知的秘密，等着后来的学者去揭谜底。记得前些年，余英时先生多次对我说起，历史也好，文学也好，都有很多"暗码"也就是"秘密"，学者不仅应当看到桌面上明着摊开的牌面，而且要能看透台面之下扣着的暗牌，这样才是好的历史学家。他不太赞成"历史是个永远的谜"这种说法，总觉得那是历史学者没有出息的托词。对《魏书·释老志》这个故事，率先揭开秘密的学者之一，就是余先生的老师杨联陞先生（1914—1990）。

1955年12月10日，在哈佛大学的杨联陞给胡适先生写信，信里提到《道藏》中现存的《老君音诵诫经》，可能就是传说中太上老君给寇谦之的那部《云中音诵新科之诫》。杨联陞说，这个故事暗示了5世纪初道教的重大改革，而《云中音诵新科之诫》和寇谦之清理"三张伪法"有关。他询问胡适有什么看法。胡适收到信

---

[1] 陈寅恪《崔浩与寇谦之》，载《金明馆丛稿初编》（北京：生活·读书·新知三联书店，2001），120—158页。

后，很快就给杨联陞回信，热烈地回应说"你挑的题目，我特别赞成"，并且"希望能看见你给这个'清整运动'多做点表彰"[1]。胡适对道教是有一些研究的，他写过《真诰》的考证文章，看过号称第一部道教史的《长春道教源流》，并且认为道教史很重要，他作这个判断绝不是随口应酬。于是，在此后几年里，胡适和杨联陞在书信中反复讨论，由杨联陞陆续写成《老君音诵诫经校释》等文章，大体上揭开了中古道教史上那一场静悄悄但相当深刻的宗教改革史[2]。而胡适和杨联陞反复讨论的焦点，就是公元5世纪，北方的寇谦之与南方的陆修静（406—477）分别推动的道教改革运动，即"除去三张伪法"，也就是对过去道教中不合礼法行为的激烈变革。在1960年代杨联陞写成的《道教之自搏与佛教之自扑》《道教之自搏与佛教之自扑补论》中，他还特别考证了一个例子，就是在这个运动中渐渐被革除的"涂炭斋"。

问题是，为什么这次"清整运动"在道教史上这么重要呢？简单地说，就是因为在这个过程中，道教完成了宗教化过程，开始融入中古中国社会、政治和文化的主流。我曾经把它叫作"由俗而

---

[1] 胡适纪念馆编《论学谈诗二十年》（合肥：安徽教育出版社，2001），286—291页。
[2] 杨联陞《老君音诵诫经校释》《道教之自搏与佛教之自扑》《道教之自搏与佛教之自扑补论》，载《杨联陞论文集》（北京：中国社会科学出版社，1992），15—92页。

圣"[1]，也就是说，道教从巫觋方术，变成组织宗教，并且得到政治上的合法性。而其中"涂炭斋"的革除，为什么也很重要呢？这是因为道教科仪的自我整顿，恰好表现了道教从世俗性转向神圣性的轨迹，使得道教从世俗的、边缘的、杂乱的，逐渐转向了精英的、主流的、整齐的。也就是说，道教至此才成为真正的"宗教"。

这里有一个关于道教形成史的争论。过去，很多人把汉末太平道和五斗米道看成是道教成立的开始，但我不这样看。我觉得，汉末以后的两三百年，是一个道教形成的过程，不必一定要把时间点定得那么死，很多事情不是某年某月某日一下子就突然出现的，历史往往是一个过程。公元5世纪前，由于川蜀、江南与华北之差异，并没有形成一个统一的"道教"，由于各种奉道的方士教徒之间的差异，也没有形成统一的权威或是统一的道教经典、理论和方法。所以，寇谦之和陆修静的这一"清整道教"的运动，本身具有使道教趋向同一的意味；而趋向同一，首先便是使道教的崇拜、理论、仪式、方法和组织整合成型，并且被精英士大夫认可。在这个由士大夫道教徒，也只能由具有影响力的士大夫道教徒主导的运动中，首先需要革除的，就是那些精英文化不能容忍的教团、科仪和方法。

---

[1] 葛兆光《由俗而圣：中古道教科仪的宗教化》，载《中国史新论（生活与文化分册）》（台北：联经出版公司，2013），117—163页。

所以，下面我们就要讨论这样几个问题：第一，中古时期道教有哪些被渐渐革除的内容？第二，在这个"清整运动"中，中古道教的科仪是如何转型并渐渐趋向同一的？第三，中古道教的科仪为何要向着神圣化和超越化转型，是为了适应这个时代主流的社会和政治吗？然后，我想更重要的，也是这一讲的重心，是接着胡适和杨联陞，继续讨论一个文化史的问题，就是这些过去很流行的、被视为野蛮粗鄙的宗教文化现象，为什么文献很少记载？我们过去的中国文化史，为什么很少去描述这类宗教文化现象？隐藏、淡化或者遮蔽文化史中的这个背阴面，究竟给今天的我们重新理解传统带来了什么问题？

一、早期道教的遗产：租米钱税、涂炭斋与过度仪

如前所述，道教的整合和成型，其实要到 5 世纪才完成。为什么这么说呢？我们简单回顾一下历史。从汉末三国到西晋时期，原本就半是方士、半是道士的道教徒们，来自不同区域、不同出身、不同知识阶层，本来就有不同取向，传教也有不同招数。4 世纪中叶的葛洪（283—363）就说，巴蜀、江南和北方道教徒的知识、方法、仪轨相当杂乱，他在周游徐、豫、荆、襄、江、广数州时，看到的情况就很乱。他曾经很遗憾地说，自从西晋末期大乱，"（道士）莫不奔播四出"，可是流俗的道士，所用的经典不同，所传的

方法不同，对道教的理解不同[1]。在4世纪之前，恐怕道教还没有一个统一的组织、理论和方法。比如，可以相信为东汉末的《老子想尔注》，就痛心疾首地批判，世俗道士把"道"想象成"有服色名字、状貌、长短"的神灵，并且还有"祭餟祷祠"的做法，强调"有道者不处祭餟祷祠之间也"[2]。因此，有文化、有知识的士大夫葛洪才撰写《抱朴子》内篇，来重新梳理道教的种种说法，为道教建立一个统一的理论基础。

从道教史上看，来自各地俗巫的一些祈禳祭醮习惯，迎合着世俗社会的欲望和习俗，传统巫觋方术的影响仍然很强大。后来被视为"三张伪法"的各种科仪和方法，在当时相当流行。下面，我们就先从杨联陞、胡适讨论过的涂炭斋说起，再看看被激烈批判的所谓租米钱税和过度仪。

1. 涂炭斋：以苦节娱神

引起胡适和杨联陞讨论的话题之一是所谓"涂炭斋"。

杨联陞《道教之自搏与佛教之自扑》中说，"自搏与自扑，同

---

[1] "其所知见，深浅有无，不足以相倾也。虽各有数十卷书，亦未能悉解之也，为写蓄之耳。时有知行气及断谷服诸草木药法，所有方书，略以同文，无一人不有《道机经》，唯以此为至秘，乃云是尹喜所撰。"《抱朴子内篇》卷四《金丹》，王明《抱朴子内篇校释（增订本）》（北京：中华书局，2002），70页。

[2] 饶宗颐《老子想尔注校证》（上海：上海古籍出版社，1991）第十四章注，17页，第二十四章注，31—32页。

为忏悔之仪式。自搏谢罪似起于汉末之太平道与五斗米道，发展而为涂炭斋"。自搏，大概就是自己抽打自己的身体或脸面；自扑，大概就是匍匐，五体投地。他在写作此文之前，曾询问胡适的看法，而胡适回信就指出"这样把自己的身体缚系在柱上或石上，是中古基督教苦修的 Saints 常有的事"，而道教涂炭斋也是"以罪囚自居，泥面自缚，都只是表示这个'悔'字。这也是 Sinitic religion 的一个老信仰"。两年后——这时胡适已经去世——杨联陞再写《道教之自搏与佛教之自扑补论》一文，根据胡适的意见，对"自搏"和"自扑"的形式，再次做了细致的解释。关于涂炭斋的问题，经过杨、胡二人的反复讨论，有了这两篇论文，已经大体清楚[1]。

正如胡适所说，以自我折磨甚至自我伤毁表示忏悔，来换取神灵的救赎，是一种世界性的宗教现象，很多古老的宗教中都有。在那个时代，可能道教徒还有一种想法，就是凡要学仙长生、希望解除困厄的信仰者，必须付出一定的代价。这种代价并不是用祭品

---

[1] 杨联陞《道教之自搏与佛教之自扑》，载《杨联陞论文集》，24—32 页。关于杨、胡的书信来往讨论，可以参看《论学谈诗二十年》，447—448、466—472 页引。此后研究者就多起来了，最近的研究，见山田明广《涂炭斋考——陆修静の三元涂炭斋を轴として》，载《东方宗教》（2002）第 100 号，47—67 页；山田明广《道教斋における自虐の行为の效能およびその衰退について》，载《中国における思想·身体·信仰——坂出祥伸先生退休纪念论集》（东京：东方书店，2004），383—398 页。

可以代替的，必须自己亲身忍耐痛苦，与神灵交换信任，因此在道教中有苦行和试炼。在陶弘景的《真诰》里，就有不少关于信仰者接受考验的故事。大家都熟悉的"杜子春"的故事，就是来自道教的考验，你不经过这种考验，得不到神灵的帮助，也就不能超越升仙。涂炭斋就是一种生理和心理的双重考验。早期道教文献《高上科》指出，这种苦节自有它的道理，因为信仰需要表现真诚，所以必须经历考验，只有"摧性忍弱，被人凌辱，不以怨耻者"，"忍受饥寒委辱不患不坠者"，才能赢得神灵的认可。早期道教的《正一论》也很直率地说，涂炭斋可以感动神灵，"涂炭法者，由群生咎障既深，非大功不释，宿对根密，非涂炭不解"[1]。

根据《洞玄灵宝五感文》《无上秘要》《太真科》等道教文献的正面记载，以及《弘明集》《广弘明集》等佛教文献的反面批判，我们现在大概知道，涂炭斋大概过程是这样的：

首先，在露天处设坛，坛场四周要有栏格。其次，要"以黄土泥额"，而且要解开头发，将头发系于栏格上，反手自缚，口中衔玉璧，"覆卧于地"，将两腿分开三尺，叩头忏谢。然后，自我拍打身体和脸颊，在佛教文献中用了一个词叫"埏埴"来形容，就是用东西拍打，像制作砖瓦一样，要"拍打使熟"。最后，这个过程中，

---

[1] 《正一论》，《道藏》（北京：文物出版社、上海：上海书店、天津：天津古籍出版社，1988）第 32 册，125 页。

白天三个时辰面向西方，夜间三个时辰面向北方，每次是十二天，上中下三元时节举行，加起来是三十六天。

这种自虐形式，有佛教徒猜测与氐、夷的风俗有关[1]，这一点史料不足，也多少有一点把道教徒污名化为夷狄的意味，我们不去讨论。但它显然与汉族主流传统不同，所以在中古时期被佛教徒捉住把柄，加以激烈抨击。有的佛教徒讽刺说，涂炭斋中的"搏颊叩齿者，倒惑之至也，反缚伏地者，地狱之貌也"；有的佛教徒则抨击涂炭斋像"驴辗泥中，黄卤泥面，摘头悬栌，埏埴使熟"[2]；有的佛教徒更说道教"解发系颈，以绳自缚，牛粪涂身，互相鞭打"[3]。

如果你想知道有关道教的秽行，常常要看佛教的资料，而你要是想了解佛教的劣迹，则要看道教的文献。大凡历史文献总是自我粉饰的，所以反戈一击的"叛教者"最厉害。大家也许都记得，那个时代所谓"从敌人营垒里杀出来"的人的回马枪，总是最致命的。总之，佛教的这些批评，使得道教相当尴尬，因为这种自虐方式，不仅与世人习惯相背，也与秦汉西晋儒家推广的礼乐文明不同。

---

[1] 释玄光《辨惑论》里面说，"涂炭斋者，事起张鲁，氐夷难化，故制斯法"。《大正藏》第52册，49页。

[2] 释僧敏《戎华论折顾道士夷夏论》、释玄光《辩惑论》，见《弘明集》卷七、卷八，《大正藏》第52册，47、49页。

[3] 法琳《辩正论·九箴篇下·答九迷论》，《广弘明集》卷十三，《大正藏》第52册，186页。

2. 早期道教的"领户化民":道教政教合一的企图

寇谦之去除"三张伪法"更重要的一条,就是要去除"租米钱税"。

这是怎么回事儿呢?简单说,就是早期道教曾经有过政教合一的组织形式,无论是汉末的五斗米道,还是太平道、二十四治、三十六方,都试图把道教教徒和编户齐民合二为一;把道教宗教组织的"治"或者"方",和国家地方行政组织"郡"或者"县"合二为一;把信仰群体的宗教性自愿捐助,与国家强制的赋税管理合二为一;然后,把民众与教徒编成"军将吏兵",进行军事组织化管理,这在历史上叫作"领户化民"。

这是一个相当重要的现象。大家都知道,中国宗教和欧洲、日本宗教的一个大差别,就是没有军事力量,因而也不可能与世俗皇权相对抗。早期道教这种行为,也就是试图建立政教合一的军事行政化宗教组织,在历史上是一个相当重要的节点,如果成功,也许历史就转向了。但是,它确实无法成功,因为在秦汉帝国之后,皇帝、官僚与士绅已经建立由帝国中央直接控制军队与地方的制度,地方逐渐不再有军事化力量。随着五斗米道、太平道、"妖贼李弘"以及孙恩、卢循的先后失败,"租米钱税"这种宗教行为就被压抑了,而到了寇谦之清除"三张伪法",更把这种可能引发叛逆和骚乱的根基给彻底清除掉了。

3. "男女合气"：以性事为途径的过度仪

和涂炭斋相似，南北方道教在清整中，更重要的是去除"男女合气"，这是一个叫作"过度仪"的仪式。在后来的中国士大夫看来，过度仪比涂炭斋更加不能接受。为什么？因为如果说涂炭斋的自苦自虐，还有一些悲凉的庄严感，那么，过度仪由于是公开的男女性行为，就显得更加猥琐和下流。

可是，它在早期道教里曾经很流行，尽管道教后来对这一仪式"毁尸灭迹"，动了很多手脚，但仍留下了一部《上清黄书过度仪》。虽然这一文献也经过重重包装和伪饰，但通过"暗码"的破译，还是让人看到了它的本来面目。很多现代研究道教的学者都讨论过它，从法国的马伯乐、马克，到日本的小林正美，到中国的朱越利、李零和我，都写过文章[1]。根据现在残存的《上清黄书过度

---

[1] 有关这方面最早的初步讨论，可参看马伯乐（Henri Maspero）《道教》（东京：平凡社，川胜义雄日文译本，1992），183页。又，可以参看马伯乐《道教的养性术》（东京：セリカ书房，持田季末子日文译本，1983）第二部《阴阳养性法》。有关过度仪文献的研究，请参看以下文献：小林正美《六朝道教史研究》（东京：创文社，1990）第五章，357—366页；朱越利《黄书考》，载《中国哲学》（长沙：岳麓书社，1998）第十九辑；王卡《〈黄书〉考源》，《世界宗教研究》（北京）1997年第2期；葛兆光《〈上清黄书过度仪〉的文献学研究》，载《新古典新义》（台北：学生书局，2001）。有关过度仪本身内容和方法的讨论，则可参看大渊忍尔《初期の道教》（东京：创文社，1991）第五章《五斗米道の教法について》；马克（Marc Kalinnowski）《六朝时期九宫图的流传》(*La transmission du Dispositif des Neuf Palais sous les Six-Dynasties*)，中文本，王东亮译，载《法国汉学》（北京：清华大学出版社，1997）第二辑；李零《东汉魏晋南北朝房中经典流派考》，（转下页）

仪》，可以大致上复原这个仪式。这一仪式大体有二十节，分成起承转合四大段[1]。

第一段，仪式开始，启师以求过度。据说，这是每一个二十岁的信仰者必须通过的仪式，男子站寅位，女子站申位。由主持道士"便执手引之东向"。第二段，是仪式的前过程。主要是思神存想，调整与运转"气"，想象自己越过天罗地网，并向各方神灵祈求正式过度。第三段，为正式的过度仪式，其中相当多的部分，是用隐语表示的男女性交，也就是合气。第四段为结束仪式，主要还是存思和运气。

其中，男女合气就是性行为，本来并没有神秘意味，也不具备庄严意味，它的基础即古代中国的"房中术"。可是，在过去私隐性的房中术中，性行为主要目的大约在于养生和求子，当然也包括

(接上页)《中国文化》（北京，1997）15—16期合刊；葛兆光《黄书、合气与其他——道教过度仪的思想史研究》（池平纪子日文译本），载《中国学志》（大阪：大阪市立大学，1998）同人号，中文本载《古今论衡》（台北，1999）第二辑。我注意到的最后一篇讨论文章，是严善焰的《初期道教と黄赤混气房中术》，载《东方宗教》（东京，2001），1—19页。

[1] 马克《六朝时期九宫图的流传》把下面20节中的1—15节作为第一部分"进入仪式"，16—17节作为第二部分即中心部分，18—20节作为第三部分"退出仪式"。这种理解可能是不对的，因为这一仪式的中心部分，很明显是第十二节"解手八生"到第十五节"摄纪"，而第十二节应该就是《洞真黄书》中的"天地大度八生之法"。李零《东汉魏晋南北朝房中经典流派考》把1—5节（入静）、6—12节（告神）、13—19节（合气）、20节（谢神）分为四段，较马克为合理，但我的分法仍与他小有差别。

性愉悦。而在过度仪里,它虽然加上了道教宗教性的动作,思神、祈祷、咒法,但因为这种仪式行为成为公众性的仪式,所以,很多道教的批评者都指出:第一,由于这种性事活动在"靖所"或"静室"中进行,把本来庄严的坛场变成愉悦的洞房,无疑是亵渎神圣;第二,这种性事的场合本来是在隐秘处,但道教合气却有引入道教的导师在场,甚至有时还有"父兄立前",这就把隐秘变成了公开,所以仿佛是动物,"鸡雀对户交欲而无羞,狗豕当衢行淫而无耻";第三,特别严重的是,道教过度仪式中的这种性事活动,并不一定在夫妇之间进行,而是在道教徒之间进行,所谓"教夫易妇",指行过度仪时是按照道教内部的次序男女配对,而不是按照世俗夫妇关系进行。

据有学者如法国的马伯乐说,在仪式中进行性活动,是上古祭祀中的传统。但古代仪式上是否真的有这种实践,由于没有直接资料,还是一个疑问。根据现存的资料我们只能说,当男女合气只是在私领域中进行的时候,它并不构成对社会秩序的影响,但当它作为一种宗教仪式,公开在社会上进行,这就挑战了传统社会的伦理道德,它就会受到主流文明和精英分子激烈的抨击和严厉的制裁。

其实,在租米钱粮、涂炭斋、过度仪中,表现的是道教徒对权力、对超升、对欲望的追求,问题是,这三方面的渴求和放纵,都和政治秩序、社会规则,也就是周秦以来主流的礼乐文明相冲突。

二、周孔之后：华夏已经文明了吗？

前面讲到道教的这三方面，都和"礼乐文明"冲突。在中古文化史中，如果说，主流文化是向阳面，表现着普遍的规则和秩序，那么，它们就仿佛是背阴面，呈现出的是普遍的欲望和混乱。如果我们接受埃利亚斯（Nobert Elias）的说法，文化是一种传统和习惯，而文明是一套规则和制度，那么，这种"文化"就和"文明"冲突，这些文化和习俗也是传统，为什么不被规则和制度，也就是所谓"华夏礼乐文明"所认可呢？

让我们先回头看一看，华夏文明那一套规则是什么时候，是怎么确立的？让我们长话短说。一般公认，殷周之间是华夏文明大变革的时代。这一认识当然要提王国维的贡献。王国维《殷周制度论》说得很清楚，从殷商到西周就是一个从野蛮到文明的转型。据说这个文明，就是给华夏政治文化立了几条最重要的规矩。第一，"立子立嫡"，第二"庙数之制"，第三"同姓不婚"。其中最重要的是建立了"嫡长子继承制"，形成了明确有序的"宗法与丧服""封建子弟""君天子臣诸侯"。王国维的这篇论文，据我考察是 1916 年他在写《先公先王考》这篇论文的时候，归纳和思考出来的，原来就附在《先公先王考》后面作为"余论"，几个月之后才抽出来加以扩充并单独成篇。我在日本看到王国维送给内藤湖南的手稿，上面就有这篇"余论"，可是，国内除了最早的《广仓学窘丛书》本

《先公先王考》之外，绝大多数王国维的著作里，《殷周制度论》和《先公先王考》都是分开的，包括最新也是最好的《王国维全集》本也是这样，没有一点说明。

回到殷周之际形成的这个新文明。王国维说，因为有了这些改革，区分上下、嫡庶、内外的礼乐制度就建立起来了。在古代中国人看来，礼乐制度就是普遍文明。《殷周制度论》中说，有了这套制度，就能"纳上下于道德，而合天子、诸侯、卿、大夫、士、庶民以成一道德之团体"[1]。如果我们把一部古代华夏文明史，看作是这一套伦理规则、道德观念和法律制度的逐渐确立，那么，所谓"华夏礼乐文明"就是从这里推衍出来的。它的基点是嫡长子制，规定了父子作为家庭、社会甚至国家的主轴。而从这里延伸出来的伦理规则，最主要的核心，第一就是在血缘亲的家族之内，要长幼有序，内外有别；第二就是这种家庭的孝，延伸到国家的忠，建立了家国秩序；第三就是不再完全听命于鬼神，而是通过象征性的礼乐，强调仁义礼智信之类的伦理道德，并且延伸出一套礼法制度。

这样，彬彬有礼的"秩序"就建立起来了，人人遵守法度的"规矩"就明确了。特别是，经过秦汉统一帝国追求整齐制度和文化统合的"霸王道杂之"，经过西晋泰始年间的儒家法律化，大体

---

[1] 王国维《殷周制度论》，《观堂集林》卷第十，《王国维全集》第8卷（杭州：杭州教育出版社，2010），303页。

上就形成了华夏文明的基础。关于秦汉西晋建立儒法制度和儒家法律化,并最终奠定华夏文明基础这一点,我另外给《剑桥儒学史》(待出版)写了一篇文章。大家也可以去看陈寅恪、瞿同祖、祝总斌、阎步克等人的研究,因为篇幅的关系,这里不能展开。应该说,这种儒法合一的法律与礼制,确立了传统汉族中国社会所谓"礼乐文明"的秩序,后来传统中国的文明,包括许烺光《祖荫下》说的"父子主轴",费孝通《乡土中国》说的"差序格局",归纳起来就是:第一,它的基本精神就是家国一体、上下有序,内外有别的秩序;第二,它的外在形式就是一套叫礼乐文明的仪式规则;第三,负保证和监督之责的,不是鬼神宗教,主要是政法控制、伦理约束和心性自觉。不仅家族、乡里、地方依靠这种规则形成了秩序,帝国、郡县、官僚也按照这种规则形成了制度。国家有了制度,社会有了秩序,就像瞿同祖说的,"礼"和"法"、"刑"和"德"、"文"和"武"结合起来,好像儒家、法家共同的理想实现了,有了规则和秩序,文化也就变成文明了[1]。

可问题是,历史并不是有头有尾的故事,也不是一部和谐的乐谱,不是直线前进的过程,更不是某种想象的逻辑。我最近看一本用后殖民理论写的书——《文艺复兴的阴暗面》[2],很有感触。在

---

[1] 瞿同祖《中国法律与中国社会》(北京:中华书局,1981)。

[2] Walter D. Mignolo, *The Darker Side of the Renaissance: Literacy, Territoriality, & Colonization* (The University of Michigen Press, 1995), "Preface", p.Ⅵ.

第二讲　文化史的背阴面

很多人的想象中,文艺复兴是和艺术上的生机勃勃、学术上的更新翻篇、心智上的迈向理性等联系在一起的,但其实这个时代也有很多被后来的历史遮蔽的阴暗面。正如这本书中所说,学者不仅应当把文艺复兴的阴暗面写出来,还应当加入南北美洲印第安人对世界贡献的"沉默空间"(silenced space)。当然,任何时候都既有阴暗面也有光明面,以前讲的欧洲中世纪也是这样的。法国年鉴学派的大学者雅克·勒高夫也写过《试谈另一个中世纪》[1],我猜测,他是想把"中世纪"重新放回更多角度的观察中。同样,我们如果想象一下中国的中古时代,也一样可以看到,在主流社会仍然延续汉代儒法秩序的同时,中古还存在很多混乱、野蛮、残忍、荒唐。我们在很多文献中可以看到。其实,古代中国的文化和生活中,一直留存了很多反礼乐文明的习惯。你看前面讲的"租米钱税""涂炭斋"和"过度仪",就是反礼乐文明的。如果说,礼乐文明是中古文化史的向阳面,那么,这些就是中古文化史的背阴面。为什么?因为政教合一、领户化民,就违背了礼乐文明中皇权的上下有序;自虐式的涂炭斋,就用极端的形式把希望寄托在鬼神垂怜上;男女合气的过度仪,就完全违背内外有别这种伦理道德规则。

可是特别有意思,也特别要注意的是,尽管我们说它是"反文明",但从这些东西在中古的流行来看,在中古人的观念世界和文

---

[1]　雅克·勒高夫《试谈另一个中世纪》(周莽译,北京:商务印书馆,2014)。

化习惯里，它们好像并不那么丑恶。这说明什么呢？这说明那些不文明的"变态"，在那个时代的文化生活里可能是"常态"，乃是出自人的自然本性，也是文化的内在部分。倒是所谓的"文明"，符合性善的，按照《荀子》的说法"性善者伪也"，那是伪装出来、规训出来、训练出来的，是为了社会秩序被迫如此的。这没什么好奇怪的，问题是很多后世士大夫书写的历史中，总是会把这些事情遮遮掩掩，以至于最后它们只是在民间、在边缘、在非汉族群中，成为传承的顽强的风俗，但在所谓正统的、官方的文明记忆中，它们却总是成了被故意遗忘的东西。

这让我很长时间都在思索，为什么"文明的"和"蒙昧的"，在中古时代会如此和谐共存？为什么文献里没有的，却在生活里有？为什么过去的中国文化史里很少描述这类现象，而胡适却鼓励杨联陞进行研究？

三、背阴面：文化史上中古的野蛮风习

其实，中古文化史上这种不那么光彩，不那么文明，或者说反文明的事儿还有很多。

如果你看中古史料，会看到那几百年中，很多荒诞的、残忍的、放荡的、乱伦的事情。礼乐文明不是规定了皇权嫡长子继承权吗？偏偏中古时期靠杀戮夺取王位，而且荒淫无道的统治者有

的是。连那些"奴婢、阉人、商人、胡户、杂户、歌舞人、见鬼人",都能封王,连跳舞唱歌的"胡小儿"都能当仪同三司这样的大官,甚至连"波斯狗为仪同、郡君,分其干禄"。礼乐文明不是要求人们按照礼仪秩序生活吗?偏偏这个时候的贵族,通宵达旦、昼夜颠倒,要么"袒露形体,涂傅粉黛",要么让京城少年穿上妇女服饰,"入殿歌舞"。礼乐文明不是强调"内外有别"吗?可那个时代男女和伦常也变得很混乱,"内外有别"的规则似乎也被漠视[1]。尽管像陈寅恪说的那样,有些像崔浩家那样的传统世家大族,还想恢复礼乐文明,像寇谦之那样的道教徒,还想让人"专以礼度为首",但是,事实上中古文化史上,那种向阳面似乎有点儿黯淡无光,而这种背阴面似乎越来越大。

让我再举三个例子。

第一个例子,是田余庆先生《拓跋史探》里面讲的"子贵母死"。儿子显贵有权,先得把他妈妈杀了,不野蛮吗?周一良曾怀疑说,"北方少数民族"好像没有这种传统,这不一定是游牧族群的习惯[2]。尽管《魏书·皇后列传》里掩饰说,这是因汉武帝杀了钩弋夫人的先例,"魏世遂为常制",但田余庆先生却看到,这是胡

---

[1] 以上均见于南北朝各种正史,不一一注出。还可以参看赵翼《廿二史劄记》卷十一《宋齐多荒主》《宋世闱门无礼》《宋子孙屠戮之惨》等条,载《赵翼全集》(南京:凤凰出版社,2009)第一册,198—208页。

[2] 周一良《魏晋南北朝史札记》(北京:中华书局,1985),378—381页。

人进入汉地,从游牧走向农耕,拓跋氏从传统部落联盟首领转向中国皇帝的时代,受到"中国固有文化的影响",为了摆脱后族影响和控制,"从巩固帝国,巩固皇权考虑",把胡人的传统和汉地的政治结合起来,才形成了这种"子贵母死"的现象。千万别把什么不光彩的事儿都赖到胡人身上[1]。

第二个例子,是佛教内部的互相残杀,也超出想象。很多人凭着想象和感觉,觉得佛教始终是提倡"非暴力"的,其实未必。我过去研究禅宗史,深受胡适的影响,特别警惕禅宗自己攀龙附凤,自称正宗的文献,注意非禅宗方面留下的史料。我注意到,中古佛教像佛驮跋陀罗的新佛学,就被"关中旧僧"道恒等攻击,连姚兴保护他也不行,不得不带了弟子去逃难[2]。早期禅宗史上,也绝不是那么和睦,佛教传教也不是那么温良恭俭让的。比如达摩,据说就曾"六度中毒",究竟他是怎么死的,还是疑案[3]。更明显的是慧可,北齐邺都的道恒——又是一个"道恒"——就攻击他是"魔",他最终被迫承认自己是"妖",被僧人和官员"打煞,慧可死经一宿重活,又被毒药而终"。禅宗的第一代和第二代都被害而

---

[1] 田余庆《北魏后宫子贵母死之制的形成和演变》,载《拓跋史探》(北京:生活·读书·新知三联书店,2003),9—60页。

[2] 释慧皎《高僧传》(北京:中华书局,1992)卷二《晋京师道场寺佛驮跋陀罗》,71—72页。

[3] 释智矩《宝林传》("宋藏遗珍"影印本.京都:中文出版社,1975)卷八,136页。

死，这是敦煌留存的文献里面记载的，可是在传世佛教文献里面，却删去了这些惨烈的事实。

第三个例子，是中古时期肢解人体甚至食用五脏的风习。查文献记载，可以看到很多例子，像北魏的秦州刺史于洛侯，就把犯罪的人先拔舌头，用刀割肉，最后"立四柱磔其手足，命将绝，始斩其首，支解四体，分悬道路"[1]；另一个苻生一不高兴，就把人"刳出心胃"[2]；曾转投南朝的鲜卑人元颢攻打荥阳擒住杨昱，就把杨昱手下"统帅三十七人，皆令蜀兵刳腹取心食之"[3]。并不是只有北方如此，感觉上好像延续了"华夏血脉"的南方，比如上一讲提到的天师道徒孙恩、卢循叛乱，不仅搞得"八郡尽为贼场"，而且"肆意杀戮，士庶死者不可胜计，或醢诸县令以食其妻子，不肯者辄支解之"[4]。不只叛军如此，当政者也如此，南方刘宋的刘骏为了争夺大位，把兄弟刘劭等"枭首大桁，暴尸于市，经日坏烂，投之水中，男女妃妾一皆从戮"。当时人甚至唱道，"遥望建康城，小江逆流萦。前见子杀父，后见弟杀兄"。特别是刘骏的儿子刘子业，不仅"左右失旨忤意，往往有刳斫断截者"，而且为了消灭政敌，"遂刳剔支体，抽列心脏，挑起眼睛，投之蜜中，谓之鬼

---

[1] 《魏书》卷八十九《酷吏列传》，1917页。
[2] 《魏书》卷九十五《苻生列传》，2705页。
[3] 《魏书》卷五十八《杨播附杨昱列传》，1294页。
[4] 《魏书》卷九十六《司马叡附司马德宗列传》，2107页。

目粽"[1]。而最有名的一个例子,是《南史》卷八十所载南朝梁代叛乱的侯景,他对反叛者李瞻"断其手足,刻析心腹,破出肝肠",对刘神茂用"大锉椎,先进其脚,寸寸斩之,至头方止";而侯景死后,王僧辩也截下他两只手,送给北朝的齐文宣帝,把侯景的头传首江陵,又用五斗盐放在侯景尸体的肚子里,送到建康,并且"暴之于市",老百姓还争先恐后去割取,"屠脍羹食"[2]。

让我对这个传统再多说几句。这种摧残肉体的残酷野蛮方式,很容易让人想起福柯《规训与惩罚》一开头讲的"酷刑"。"用烧红的铁钳撕开他的胸膛和四肢上的肉,用硫磺烧焦他持着弑君凶器的右手,再将熔化的铅汁、沸滚的松香、蜡和硫磺浇入撕裂的伤口,然后四马分肢,最后焚尸扬灰。"[3]但我想指出的是,这些背阴面的现象,并不只是欧洲有,也并不只是中古中国的佛教、道教,或者异族、叛军或贵族才有,其实古代汉族主流文化的内部,也同样有背阴面;以为汉族就文明,以为儒家就文明,其实是无端的民族主义傲慢。一百多年前,日本学者桑原骘藏写文章谈传统中国吃人肉、留辫发、用宦官的现象,很多人都觉得他是怀着对中国文化的

---

[1] 《魏书》卷九十七《岛夷列传》,2145页;这并不是北方记载的偏见,沈约《宋书·刘义恭列传》也有类似记载。

[2] 《南史》卷八十《贼臣列传·侯景》,2009、2013、2016—2017页。

[3] 米歇尔·福柯(Michel Foucault)《规训与惩罚》(刘北成等译,北京:生活·读书·新知三联书店,1999)第一章《犯人的身体》,3页。

蔑视立场，专门挑中国文化的毛病[1]。其实我觉得未必。就说前面提及的中古时期"支解""枭首"等野蛮残酷的行为吧，也许有人说，这是中古时期蛮夷戎狄的恐怖性格和野蛮风俗。但是不一定，让我举一个大家熟悉的"虽远必诛"为例。

大家知道，在西汉时，汉人李陵、苏武在匈奴，虽然做奴隶，但并没有被杀死，但那些所谓蛮夷在汉人打过去之后，却遭到了残忍处理。现在大家特别爱听的"犯我中华者，虽远必诛"这句话，其实就包含着一个并不文明的历史故事，表现了汉族大帝国主义的残忍传统。这句话原作"明犯强汉者，虽远必诛"，出自《汉书》卷七十《陈汤传》（3015页）。说的是西汉建昭年间，西域都护甘延寿和副校尉陈汤上疏说，虽然匈奴大部分已经臣服，但还有

---

[1] 桑原骘藏《"支那"人間に於ける食人肉の風習》（1924），以及《"支那"人辮髮の歷史》（1913）、《"支那"人の食人肉風習》（1919）、《"支那"の宦官》（1923），分别载《桑原骘藏全集》（东京：岩波书店，1968）第二卷《东洋文明史论丛》，153—205页；同上第一卷《东洋史说苑》，441—453、454—459、460—469页。在《"支那"人間に於いて食人肉の風習》的开头，桑原骘藏就指出，中国史研究者除了使用中国史料之外，毫无疑问也要注意参考日本、朝鲜、安南的记录，更要利用遥远的西域的记录。甚至也要参考西方诸国的见闻，因为在这些见闻中，往往有关于中国风俗世态的内容，其中有很多本国文献所缺少的珍贵资料。比如，西洋人就曾经发现，中国也有野蛮人所谓cannibalism的风俗，他指出玉尔（Yule）和高延（Groot）各自的研究。153、205页。在《"支那"人の食人肉風習》一文最后，桑原骘藏指出，"日本人要理解中国，必须要观察他们的表里两面。从经传诗文，理解中国人的长处与美德毫无疑问是必要的，同时相反的方面呢，也应当深刻了解"，尽管有日本帝国主义的气息，但理论上说，这个文化观察的方法还是对的。458页。

郅支单于一部，躲在"大夏之西，以为强汉不能臣也"。所以，在建昭三年（前36），他们率领军队远征康居（今中亚的巴尔喀什湖和咸海之间），打败了这一支匈奴，"斩郅支首及名王以下"，据说一共杀了一千多人。得胜回来后，他们建议把这些斩下的首级，悬挂在长安稾街的蛮夷邸，"以示万里，明犯强汉者，虽远必诛"，也就是威胁居住在长安的异族人。这方法很野蛮、凶狠吧？虽然当时丞相匡衡等人反对这种做法，觉得春天应当是掩埋尸体的季节，但车骑将军许嘉、右将军王商却引用《穀梁传》中孔子在夹谷之会上杀优施"首足异门而出"的故事，建议"宜悬十日乃埋之"。朝廷终于决议赞同。——你在这个故事中，可以看到大汉帝国不仅远征异域与异族，而且也曾用悬首示众之类的残忍方法，威胁帝国内部的异族，而且这种残酷的做法，居然原来也有儒家、孔子的依据。

再追溯上去，恐怕这个残忍的传统历史很久远。很多这类历史上的事，被后来追求文明的文人士大夫删去了、遮蔽了，直到某些文献重新出土，才被人们注意到。像马王堆出土帛书《十大经》里就记载，号称"人文始祖"的黄帝就很残忍很暴力，它说黄帝不仅把蚩尤抓起来杀了，而且剥了他的皮用来作靶子，让人射他，"多中者赏"，还把他的头发编成旗子，叫作"蚩尤之旌"，更把他的胃做成球，让人拿在手里玩，甚至把他的骨肉剁烂了，叫作"苦醢"。号称"圣人"的孔子也一样。前面说到，汉朝把匈奴人的脑袋悬挂在长安槀街的蛮夷邸,有人就引用了《穀梁传》里孔子的故事。也许你要问,孔子杀了人为什么还要把脑袋和四肢分开,从不同的门出去?据学者考证,这也是一种"厌胜"的方法,据说,这样才能镇压住被杀者的鬼魂,免得他来报复。

所以,这个残忍的传统和野蛮的迷信即使在汉人这里,也是绵绵不绝的。你看日本大室幹雄《滑稽:古代中国の異人たち》专门把《汉书·景十三王传》中的汉武帝兄弟、子女、侄甥等诸侯王,描述为"邪恶者""痴呆者"。广川王刘去的父亲,曾与同胞姐妹发生奸情;而刘去相信宠妾昭信,为了除去梦中骚扰的宠姬鬼魂,"掘出尸,皆烧为灰"。又由于昭信怀疑另一宠姬陶望卿,就用烙铁拷打致其自杀,并且在其死后还割去她的舌头、嘴唇、鼻子,分解尸体放在大锅中,加以毒药,还用桃灰压制,煮成肉酱,"今欲糜烂望卿,使不能神"。昭信接下来又诬陷另一个宠姬荣爱,不仅用烧红的刀子挖去她的眼睛,还割去她身上的肉,用铅水灌入口中,并且"(荣)爱死,支解以棘埋之"[1]。

可见,在那个时候,把人肢解了,免得他死后作祟,这是常见的事情,是正常现象,并不觉得这很野蛮。回到前面提到刘宋时代刘子业的"鬼目粽",这不是汉族人的古老传统是什么?

---

[1] 李建民《尸体、骷髅与魂魄:传统灵魂观新论》引用此事,见《当代》(台北)1993年10月,48—65页。

四、"负阴而抱阳":由"幽暗意识"论想起的问题

显然,古代中国文化传统里,有向阳面也有背阴面,正如老子所谓"负阴而抱阳",就连传统文化里最有象征意味的"太极图"也是这样的。陈寅恪曾经说中古士大夫,"其行事遵周孔之名教,言论演老庄之自然",让后人想象他们"高风盛况",但实际上"安身立命之秘,遗家训子之传,实为惑世诬民之鬼道"[1]。试想,世上哪个文化,自古以来就都是光明的、文明的、理性的?

可是,后来士大夫们写的文献,总是掩饰这类事情,除非是在佛教和道教互相攻击的时候,我们才看到二者彼此揭老底披露的真相[2],特别是叛教者反戈一击,从内部兜底抖落,像甄鸾《笑道论》就是一例。1998年我去日本京都大学,看到日本学者那么仔细地研究、注释和解读《笑道论》,觉得有点儿不理解,吉川忠夫先生就跟我讲,这种"挖老底"的材料很珍贵,可能它才呈现了中古宗教史被掩盖的真相。《笑道论》这种叛教者的讲述,是重新认识中古宗教的好资料。可是,在其他资料中,这些内容不大看得到,即使看到,也往往是正面描述,充满"正能量",也就总是描述如何改造、如何克服这些丑陋的背阴面。中国的传统里面,太习惯于这

---

[1] 陈寅恪《天师道与滨海地域之关系》,《金明馆丛稿初编》,44页。
[2] 比如攻击涂炭斋的,有梁释玄光的《辨惑论》,载《大正藏》第52册,49页;北周道安的《二教论》,《大正藏》第52册,140页。

样叙述历史,就是我们今天的"中国文化史""中国文化概论"之类,也往往不提这种文化史的背阴面。不信你看最权威、最流行的几种,大概是找不到这种内容的。

其实,记住光明让人自信,可是记住黑暗却让人警醒。就像我们需要提到二战时欧洲的纳粹集中营,提到1990年代非洲卢旺达的胡图族和图西族残杀。你能只记住历史上的光明吗?胡适鼓励杨联陞对佛教道教的自扑与自搏做研究,恐怕就是出自这个"晾晒背阴面"的思路。因为胡适很早就把这种古代中国的背阴面和现代中国的文化缺陷联系在一起。1925年,胡适对中古佛教极端的修行和自残就有严厉的批评,说佛教用自己的身体涂满香油"然后自燃其身来献祭",这种"宗教狂热"是"大乘佛教最恶劣的面相"[1];二十年后的1945年,他在哈佛大学的演说中,更特别提及殷墟发掘的一千多具陪葬的骨骸,说古代中国频繁祭祀和以人殉葬,说明那个时代"人心都已经钝到视这种极其残忍的行为为平常的程度",怎么能够"期待他们在思想或宗教上会开窍,以至于变更与改革这个宗教体制"?[2] 这话其实很有道理。

这里,请允许我扯远一点,进一步讲一些我的想法。过去,我

---

[1] 胡适,*Buddhistic Influence on Chinese Religious Life*,见《胡适全集》(合肥:安徽教育出版社,2003)第36册,48页。

[2] 胡适,*The Concept of Immortality in Chinese Thought*,见《胡适全集》第39册,158—162页。

读张灏的文章《幽暗意识与民主传统》[1]，很有感受。他所谓"幽暗意识"，是"正视人的罪恶性和堕落性，从而对人性的了解蕴有极深的幽暗意识"。它是"发自对人性中与宇宙中与始俱来的种种黑暗势力的正视与省悟：因为这些黑暗势力根深柢固，这个世界才有缺陷，才不能圆满，而人的生命才有种种的丑恶，种种的遗憾"。具有这种"幽暗意识"，不是说认可黑暗，而是为了克服它，所以对现实人生和社会常常有"批判的和反省的精神"。这个观念的提出相当有意义，所以，后来余英时先生给张灏八十寿辰写贺诗的时候，就特意写了一句"幽暗已成千古患，圆融欣见一家同"。余英时先生对前一句的自注中就说，"幽暗指其'幽暗意识'之名作"。

张灏认为，这种幽暗意识在西方和印度文化中"特别深厚"，不仅随着"原罪"感在宗教中始终存在，也伴随着自由主义展现出对权力的警觉。可是，在中国儒家这里，尽管也有幽暗意识，但由于儒家对人性习惯作正面肯定，以成德为要务，幽暗意识往往与成德思想互为表里，因此它对于黑暗面的警惕和基督教不一样，"两者表现幽暗意识的方式，和蕴含的强弱很有不同"。基督教作"正面的透视和直接的彰显"，儒家则是"间接的映衬与侧面的影射"。儒家的乐观主义倾向，觉得政治权力可以"交给已经体现至善的圣

---

[1] 张灏《幽暗意识与民主传统》，台北：联经出版公司，1989；转引自《张灏自选集》（上海：上海教育出版社，2002），以下所引，在2、17、20页。

贤手里。让德性和智慧来指导和驾驭政治权力",因此,它往往推动的是暗示儒家道德伦理和维护等级制度的礼乐制度,而不是限制权力的基本政治制度。他总结说,儒家的乐观精神和理想主义,使得"幽暗意识虽然存在,却未能有充分的发挥"。

这就是东西方后来走向不同的背景之一。我想借用"幽暗意识"这个词,来联系中古时代文化史的"背阴面"。虽然看起来,经历了秦汉西晋的政治、制度与文化的"统合",华夏文明大方向已经确立,共识也已经达成,其实,这表面社会的"向阳面",遮蔽了深层文化的"背阴面"。这些阴暗面在充满乐观精神和理想主义的知识人那里,总觉得它不是华夏文明,终会被主流的文明所掩盖,被精英的教化所克服。因此,在儒家知识人为主所书写的传世文献中,往往就像那些报喜不报忧的宣传,总是到了"坏事变好事"时,才记载这些野蛮、丑陋和阴暗是如何如何被克服的。因此文献只留下乐观和明亮的记忆,却始终不直接记载这些丑陋的、阴暗的甚至是野蛮的现象。这导致了传统儒家对于"黑暗势力"或者"野蛮行为"的漠视或者淡化,其实,"歌颂虽然没有风险,粉饰虽然增添光彩,但它并不能引起戒惧和警惕"。因此,在当时的精英阶层中,以为这一切都已经被克服,而在后世的历史理解中,以为那个时代已经很文明而且文明已经很同一了。

可是,这些充满了混乱、野蛮或者荒诞的宗教现象,正如我们前面说到的,只在宗教的彼此竞争中,在政治敌手的互相揭发中,才留下若干记载,让我们发现中古中国的所谓华夏文明,原来并不是那么普遍和深入,在文明的背阴面,其实还有很多很多非华夏礼乐文明的另类现象。它们当然可能来自异域宗教,比如佛教和三夷教,但也可能来自草根的本土宗教,如我们前面说的道教,甚至也可能就来自古代中国主流文化中,那些还没有被礼乐文明抹杀、克服和提升的成分。可是,在历史叙述中,它们总是被掩盖或者被淡化。其实这类现象或者事件,不仅在当时有着某种揭开帷幕,让人看到真相的作用,在后来的历史叙述中,也恰恰有着催人警示和反省,使人客观看待历史的意义。我想举一个大家都熟悉的例子,孔飞力在他那本《叫魂》里反复提及"盛世"这个词,一般历史学家提到乾隆时代就会想到"盛世",但孔飞力说"所谓'盛世'是一种惯用的说法,常被人们当做德政的护符,用来装点官方文件",他的这本书第二章标题就是"盛世",但他要说的恰恰是,在这个盛世的背后,"在黑色妖术的掩饰下发出了非如此便不能为人感知的关于未来的警告"[1]。

我总在想,按照张灏先生所说,"幽暗意识"的淡漠,使得儒家始终有一种乐观和理想,以至于忽视了民主制度对权力的约束,也忽略了法律制度对恶欲的限制。那么,如果后来我们写的中国文

---

[1] 所以,他在全书最后特别提醒读者,"中国文化是统一的,但并不是单一同质的"。以上见孔飞力《叫魂:1768年中国妖术大恐慌》(陈兼、刘昶译,上海:上海三联书店,1999),32、3、292页。

化史，总是记得高调谈论历史上传统文化的向阳面，比如国家凝成与民族融合（而不记载国家分裂和民族冲突），比如文治政府之创建（而不是以杀戮开疆拓土），比如思想学术的理性表达（而不是沿袭传统任意放纵），比如礼乐制度的建立和完善（而不是逃避制度的各种陋习），如果我们的"中国文化史""中国文化概论"之类的著作，总是津津乐道谈论官僚制度、科举制度、思想学术、绘画音乐、棋琴书画、文字书法，一味歌颂"独创性""悠久性""涵摄性""统一性"，而不是去发掘历史上文化的背阴面，发掘原来有哪些根深蒂固的风俗习惯，那么，我们不仅不能理解向阳面的礼乐文明如何与民众生活传统中的文化习惯搏斗，从而逐渐形塑传统中国社会，更是会忘掉我们传统的内部，其实有很多非理性的、幽暗的、丑陋的甚至是野蛮的东西。失去警戒与畏惧，就会沉湎于所谓中国文化举世无双、源远流长、伟大优秀这些非历史的乐观的自我想象中，从而衍生出一种沾沾自喜、无端自大的心理[1]。可以顺便

---

[1] 有关中国文化史的著作很多，内容虽然不同，但取向则大同小异，可以用柳诒徵《中国文化史》（重印本，上海：东方出版中心，1988）、钱穆《中国文化史导论（修订本）》（北京：商务印书馆，1994年重印本）、杜正胜主编《中国文化史》（台北：三民书局，1995）为例；中国文化概论类的著作也很多，暂且用梁漱溟《中国文化要义》（上海：上海人民出版社，2005）、韦政通《中国文化概论》（长沙：岳麓书社，2003）、王力主编《中国古代文化史讲座》（桂林：广西师大出版社，2003）、阴法鲁等主编《中国古代文化史（插图本）》（北京：北京大学出版社，2007）、庞朴《中国文化十一讲》（北京：中华书局，2008）以及叶朗等主编《中国文化导读》（北京：生活·读书·新知三联书店，2007）等著作为例。

说到，我在和朋友谈论这个话题的时候，也曾经讲到当今的困惑，从古代到现在的某些历史叙述、新闻报道以及政治宣传，存在一种倾向，就是把这些背阴面掩盖起来。看着这些文字文献，大家可能以为，历史上始终莺歌燕舞阳光灿烂，一直要到积重难返最终崩溃，也就是改朝换代才重新书写；而重新书写的时候，又习惯性地归咎历史，声讨前朝。这也是为什么中国古代政治史上，总是"终点纠错"而从没有"半途纠错"，总是到了改朝换代才改弦更张，而不能在延续过程中自我反省的原因所在。

1933年，胡适曾经批评柳诒徵《中国文化史》有关佛教的部分说，"佛教宗派固然也可算文化史的一部分，然而和尚尼姑过的什么生活，焚身遗身在中古时代怎样盛行，某一时代的民间迷信是怎样的荒诞，这些方面的考索与描写岂不比抄引杨文会谢无量等人的宗派空论为更有文化史的价值吗？"[1] 我很赞成这段话，他讲的就是文化史真正要写却缺少了的东西。其实，即使从历史演变上看，

---

[1] 《评柳诒徵编著〈中国文化史〉》，1933年发表在《清华学报》第8卷第2期，收入《胡适文集》（北京：北京大学出版社，1998）第10册《胡适集外学术文集》，770页。江勇振《舍我其谁》（台北：联经出版公司，2018）第三部《为学论政》第四章中，曾经批评胡适对中国思想史叙述与评价的暧昧态度，并且用了一个词"寒伧史"，来形容胡适对中国思想史的负面看法。其实，今天的学者应该体会当年胡适对于中国宗教、思想与文化，尤其是中古时代的矛盾评价。有时候，胡适出于对现实中国文化的焦虑和批判，在回溯中古时期佛教影响的时候，往往有较多批判，特别是对佛教徒灼指燃顶之类自虐以取得救赎的行为，更是很不满。这应当是可以理解的。参479页以下。

所谓野蛮与文明的纠葛，所谓"朴素主义"和"文明主义"的冲突，以及我所谓的文化史向阳面和背阴面并存，都是相辅相成、彼此纠缠、互相融合的。不然，中古时代汉族与异族、文明与野蛮、农耕与游牧的交错局面，怎么最终就成了胡汉混血的李氏崛起，并且创造大唐辉煌的原因？

在某种意义上，这就是陈寅恪所说的"取塞外野蛮精悍之血，注入中原文化颓废之躯，旧染既除，新机重启，扩大恢张，遂能别创空前之世局"[1]。

五、由俗而圣：回到杨联陞与胡适的话题

让我们回到杨联陞和胡适讨论的天师道"清整道教"这个问题上来。

至少在寇谦之生活的5世纪初，南北道教的混乱和粗鄙还很严重，因此，从更早的葛洪，到寇谦之，再到陆修静，都已经意识到道教的弊病：一是道教对信仰者采取的行政化和军事化组织，仿照官府称官设号，收取钱粮租米，这侵犯了世俗政权的权力；二是用种种不在祀典，但又是民间习俗的祭祀聚会动员民众，杀牲歌舞、

---

[1] 陈寅恪《李唐氏族之推测后记》，《金明馆丛稿二编》（北京：生活・读书・新知三联书店，2001），344 页。

获取钱财,这使得官方和儒家士大夫感到不安;三是真伪不辨,每个巫觋术士都可以宣称自己拥有道教的真理和神意,各种通神的方法和技术并行不悖,这使得道教内部的权力也相当混乱。所以,应当"清整道教",并提出道教应当"专以礼度为首,而加之以服气闭炼"[1]。

简单地说,在寇谦之、陆修静之后,我们提到的道教这三类弊病都有了改观。

第一,道教军事行政组织化、领户化民收取租米钱税的现象逐渐被清除,道教不再有二十四治、三十六方这样的组织,变成了以洞天福地为中心的宗教形式,道士们在道观生活并进行宗教活动,这就消除了它与政治皇权对抗的可能与危险。

第二,涂炭斋这样的自虐形式,早在东晋义熙(405—418)年间,就有道士王公期要求省去"拍打",就是所谓"埏埴使熟"的自我抽打[2]。后来的士大夫道教徒更是对科仪进行了规范,包括站位(按照严格的五行八卦九宫等等规定站立)、上香(如以手捻香

---

[1] 谢守灏《混元圣纪》,《道藏》第 17 册, 852 页。
[2] 此据北周甄鸾《笑道论》,载《广弘明集》卷九,《大正藏》第 52 册, 149 页。按:王公期,释玄光《辩惑论》只说是"王公",释道安《二教论》、甄鸾《笑道论》都说是"王公期",沈曾植《海日楼札丛》(辽宁教育出版社重印本, 1998)卷六以为是《真诰》卷二十所说的王灵期,而且以为他与陆修静同时。226 页。杨联陞《老君音诵诫经校释》也怀疑是王灵期,载《杨联陞论文集》54 页,又见《道教之自搏与佛教之自扑补论》,载《杨联陞论文集》26 页。

三上着炉中之类)、上章(首过忏悔)、上启(念诵神灵之名)等。仪式规则的建立,意味着科仪趋向合法化与合理化[1]。尤其是他们更强调"师不受钱,神不饮食"[2],表现出强烈的自我更新倾向,这使得道教仪式变成一种神圣庄重的宗教活动,与世俗活动分化与隔离。

第三,就过度仪而言,因为它把个人的性行为变成了宗教仪式,更把秘密变成公开,把隐秘变成神圣,无形压力相当大。这种场合和身份的错误是致命的,因为它不仅羞辱了公众,侵犯了伦理,而且蔑视了社会,搅乱了秩序。于是,在各方的强烈批评下,后来道教对它进行掩饰,一方面在漫长的几个世纪中渐渐隐身,另一方面在中国伦理与政治的语境中,把这种"性"的仪式说成是个人修炼中的"阴"与"阳",或"铅"与"汞",甚至把实际的男女性行为变成文学中的玄妙想象,在存思冥想中引出男女神灵,充当自慰自娱的对象。

道教由俗而圣,终于成了一个皇权认可的合法宗教。但是细看它的历史,它确实既有追求神圣的一面,也有迎合世俗的一面。这

---

[1] 所以,卿希泰主编《中国道教史》(修订本,成都:四川人民出版社,1996)认为,"经过这样改革后的天师道,原始性减少了,成熟度加强了,特别是在性质上发生了很大变化。即删除了违背封建礼度的成分,增添了儒家伦理纲常的内容,从而使它由一个民间宗教变成符合封建统治阶级需要的工具",第一卷,411页。

[2] 陆修静《陆先生道门科略》,《道藏》第24册,782页。

让我想起西方学者保罗·约翰逊所说，人类漫长的宗教史中，"有贞洁神圣，有狂欢宴飨，也有斋戒断食，有豪饮烂醉，也有禁酒忌荤，有歌舞作乐，也有庄严肃穆，有活人献祭，也有拯救生灵……宗教竟然如此两极对照"[1]，这里所说的"两极"，也许在大多宗教中都如此，用道教的话来说，就是一面"邪僻祆巫之倒法"，一面"盟威清约之正教"[2]。

杨联陞和胡适的努力，为我们揭开了始终被遮蔽的道教史中"邪僻祆巫"的一面，让我们从这里开始思考，是不是在中古文化史研究中要重视这种背阴面？认清这种自身文化史中的背阴面，我以为，有两方面的意义：一方面是学术的，让我们了解自身文化史中不止有理性、文明、和谐，其实也有残忍、野蛮和暴虐，它未必是蛮夷或宗教文化带来的，其实也是汉族中国自身传统中就有的，文化史研究只有兼及两面，才算说明了自身文化如何进于文明的过程；另一方面是思想的，只有正视传统中向阳面和背阴面的同时存在，才会真正认识到"文明"，也就是逐渐形成的规则和秩序是何等地重要，而所谓传统和习惯，也许有时候并没有那么光明和伟大，倒是需要用现代文明，对它进行"创造性的转换"，以适应新的时代。

---

[1] Paul Johnson 语，转引自 *International Encyclopedia of the Social Siences*，Vol.13，p.417。
[2] 陆修静《陆先生道门科略》，《道藏》第 24 册，782 页。

第三讲 新史料与新问题:学术史的国际竞赛
——从戴密微《吐蕃僧诤记》说起

我的话题将从法国学者戴密微1952年出版的《吐蕃僧诤记》(*Le Concile de Lhasa*)开始[1]。这本书研究8世纪后期发生在吐蕃的佛教争论,争论的双方是来自印度的佛教徒莲花戒(Kamalaśīla)和来自汉地的佛教徒摩诃衍(Hwa Shan Mahayana),最终是印度和尚战胜了汉地僧人,吐蕃也从此走上了和汉传佛教不同,比较接近印度佛教的路向。

提起这本书,我先说一段往事,讲讲为什么几十年前我会对《吐蕃僧诤记》产生兴趣。1990年代,我在清华大学中文系教书,那时候曾经因为给《中国文化》杂志组稿——我给《中国文化》当过几年编辑——和民族学院的藏学专家王尧(1928—2015)先生

---

[1] 关于戴密微(Paul Demiéville,1894—1979)最详尽的中文介绍,见谢和耐(Jacques Gernet)《戴密微传》,载戴密微《吐蕃僧诤记》(增订本,耿昇译,北京:中国藏学出版社,2013)后附,513—525页;蒋杰《保罗·戴密微的远东生涯与他的佛学研究》,载《中国学》(上海:上海人民出版社,2012)第一辑,436—463页。特别是该文的注1,列举了相当丰富的参考资料。

有些往来，还抽空去听了他的几堂课，也曾装模作样去学了几次藏文。1995 年，我在北京大学出版社出版了《中国禅思想史》，刚好他为了推荐一个学生到清华来任教，特意把我叫到他家。我把书送给他，他便拿出《吐蕃僧诤记》问我看过没有，说这里面涉及中国禅宗史上的问题，恐怕还没搞彻底，他说当年帮耿昇翻译此书的时候，想过很多问题。临告别的时候，他特别说，你有中国禅宗史的基础，应该琢磨琢磨。这样，戴密微的这部著作，引起我的好奇，我也就认真地读这部书，当然，看的是耿昇的中译本[1]。

西藏为什么会信仰佛教？是什么时候开始信仰佛教的？为什么最终藏传佛教风格和汉传佛教不一样？唐蕃之间交往这么多，为什么汉传佛教没有影响到吐蕃人的选择？吐蕃在唐与天竺之间，它的文化选择和政治认同，经历过什么样的历史？这些问题都很重要。特别是，如果你站在历史角度看，吐蕃曾是 8 世纪到 9 世纪亚洲尤其是中亚西域各个力量角逐的中心之一，那么放在当时的亚洲史大背景下，该怎么解读它的宗教信仰和文化特征？

---

[1] 戴密微《吐蕃僧诤记》耿昇中译本，最早是 1984 年甘肃人民出版社出版的，我当时看的就是这个译本。此后，2001 年西藏人民出版社，2013 年中国藏学出版社，都再版过耿昇有修订增补的译本。这里我用的是 2013 年中国藏学出版社的最新版本。

第三讲 新史料与新问题:学术史的国际竞赛

8世纪后期发生在吐蕃的这场佛教争论,也许对传统中国来说,无论是在宗教史还是政治史上,都不算是什么大事,在过去的汉传佛教史书里面,确实也没有任何记载。很多历史事件就是这样被忽略的:你要是用一个固定的、后来的立场去观看,也许它的意义就看不出来,但是你转个身,跳脱开原来的视角,也许就会看到,原本不重要的重要了,原本是边缘的现在是中心了。我过去曾经举过公元663年"白村江之战"的例子,从大唐帝国的角度看过去,这件事并没有那么重要,它只是大唐安顿东北边疆的一场战役,但是如果从日本和朝鲜半岛的角度看过去,这件事情就成了奠定东北亚历史的大事件了[1]。所以我觉得,如果换个角度,放宽视野,吐蕃僧诤事件对于8世纪亚洲的宗教史或政治史,就很重要[2]。

说到这一事件,要先看一份残存的敦煌汉文卷子,就是伯希和

---

[1] 参看葛兆光《历史解释为什么有力量?——一种食品、一场战争、一部文献和一幅地图》,《四川大学学报》2022年第4期,8—9页。

[2] 有学者提示说,今天可以利用的藏文史料,大多数来自12世纪以后西藏已经佛教化的时代,因此要警惕这些是"精心构建出来的历史叙事",要避免"陷入佛教主义史学的泥潭"。但吐蕃僧诤事件是后世精心构建的吗?这也许是一种相当"后现代的警觉",或许有其道理。不过,从"疑罪从无"的现代历史学原则看,由于有8世纪的敦煌汉文、藏文资料的支持,我仍然认为这一吐蕃僧诤,并不是一个虚构或构建的"叙事"。其实,持这一看法的学者也不能不承认,作为原始资料的敦煌古藏文文献是"少量留存至今的"例外。见沈卫荣《"吐蕃僧诤"背后的历史叙事》,载《读书》(北京:生活·读书·新知三联书店)2016年4期,80—87页。

编号 P.4646 的《顿悟大乘正理诀》[1]。戴密微 1952 年出版的《吐蕃僧诤记》，就是从这份敦煌文书的研究出发的。据说，这份卷子当时是中国学者王重民向他介绍的，告诉他巴黎图书馆有伯希和收罗的敦煌文书《顿悟大乘正理诀》。戴密微就是根据王重民提供的线索写了此书，论述 8 世纪后期，也就是吐蕃赤松德赞的时代，汉地僧人摩诃衍同印度僧人莲华戒，在吐蕃桑耶寺——不是在拉萨——的辩论。他以这一写本内容为基础，结合各种文字的资料，对这次佛教辩论会的来龙去脉，以及吐蕃僧诤会的历史背景作了研究。又根据两唐书的《吐蕃传》、《通典》、《册府元龟》最后几卷关于吐蕃的资料，对过去伯希和根据《两唐书》整理的唐蕃关系史加以补充，勾勒了当时这一宗教交流史的历史大背景。

这部书是国际东方学领域很重要的一部著作[2]。而桑耶寺的争

---

[1] 可以先看王锡的序文："自释迦化灭，年代逾远，经编贝叶，部秩虽多，其或真言，意兼秘密，理既深远，非易涯津。是乃诸部竞兴，邪执丝乱。""爰有小乘浅智，大义全乖，似萤火之微光，与太阳而争耀。厥兹蕃国，俗扇邪风，佛教无传，禅宗莫测奥。我圣赞普，汛植善本，顿悟真筌……交聘邻邦，大迎龙象，于五天竺请婆罗门僧三十人，于大唐国请汉僧大禅师摩诃衍等三人，同会净域，乐说真宗。""至戌年（794，上山大峻更正为 784）正月十五日，大宣诏命曰：摩诃衍所开禅义，究畅经文，一无差错，从今以后，任道俗依法修习。"这是诸家校定后的正文，参看上山大峻《敦煌佛教の研究》（京都：法藏馆，1990）。又，后来发现伯希和编号 P.2672 的敦煌卷子也是这一文献，但内容略有参差。
[2] 有关的介绍，最好的是张广达《唐代禅宗的传入吐蕃及有关的敦煌文书》，原载《学林漫录》第 3 辑，1981；后收入张广达《西域史地丛稿初编》（上海：上海古籍出版社，1995），189—216 页；又收入张广达《文书、典籍与西域史地》（桂林：广西师范大学出版社，2008），242—262 页。

论，也是很多学者关注的8世纪亚洲历史大事件。我并不是这方面的专家，也不懂唐蕃关系史或者西藏佛教史，今天，我只是想借这个事件的近百年研究史，从吐蕃僧诤联系到禅宗史的南顿北渐，来谈谈以下几个问题：

第一是在宗教史研究里，如何发掘新史料、新问题，这些新史料和新问题，为什么很重要？

第二是国际学界也就是各国学者关于这一历史事件接力棒式的研究过程，以及衍生出来有关禅宗史的学术讨论有什么意义，它给我们什么启迪？

第三是由这一研究的学术史，是不是可以想想，中国学者如何才能在国际学术中"预流"，也可以反思一下，我们为什么总是很难在国际学术竞赛里领先。

众所周知，"预流"是陈寅恪的话，也就是进入世界学术的前沿和主流，加入国际学术竞赛。因为按照陈先生的说法，你不能预流，就成了"未入流"，也就失去了竞赛资格[1]。

---

[1] 我很赞成荣新江关于"预流"的说法，他在《陈寅恪先生〈陈垣敦煌劫余录序〉书后》中指出，陈寅恪之所以在"预流"的后面再加上一句"其未得预者，谓之未入流"，是"对中国传统学人的批判，因为当时面对西方学术已经开始热烈讨论的许多话题，大多数中国学者置若罔闻，仍然是在自己那点经史子集的自留地中耕耘，在留洋而归如陈寅恪先生这样的新锐看来，这些人显然不入流"。载《中西学术名篇精读 陈寅恪卷》（上海：中西书局，2014），35—36页。

一、学术如积薪:吐蕃僧诤事件的研究史

刚才我们说,这次僧诤事件在传统中国的汉文文献里,基本没有影子,只有像《唐会要》卷九七《吐蕃》、《册府元龟》卷九八〇《外臣部》以及较晚的《佛祖统纪》卷四十一,曾经非常简略地提到过唐德宗建中二年(781),朝廷派了两个僧人良琇和文素去吐蕃。除此以外,基本上没有任何线索,文献压根儿没提到还有印度僧人和汉地僧人在吐蕃辩论的事件。

但传世的汉文文献没有记载,并不意味着藏文史料里也没有。中国历史研究现代学术转型的一个重要转变,就是无论是历史观察,还是史料取舍,都超越了原来中原王朝或华夏区域。陈寅恪先生总结王国维学术成就的三条经验之一,就是"取异族之故书与吾国之旧籍"[1]互相参证,汉文文献缺载的,异域记录未必没有,传世文献没有的,出土文献未必也没有。20世纪初敦煌文书的发现,其实就给中国史研究带来了相当根本的变化,像我熟悉一点儿的道教研究,敦煌文书提供的《太平经》《无上秘要》《洞渊神咒经》就极其重要;禅宗研究,敦煌文书中的《坛经》《神会语录》《历代法宝记》就带来了根本的甚至是颠覆性的新见。事实上,戴密微就是凭借敦煌发现的汉文文书《顿悟大乘正理诀》,加上俄罗斯学者奥

---

[1] 陈寅恪《王静安先生遗书序》,《金明馆丛稿二编》,247页。

贝米莱英译的布顿《善逝教法史》的记载，开始进入这一话题的。根据布顿《善逝教法史》中的记载[1]，传说是唐朝金城公主之子的赤松德赞，很早就派了使者去唐朝学习佛法，还邀请了汉地的僧人摩诃衍到吐蕃传授禅法。但是，摩诃衍传授的修习之法和印度僧人寂护弟子们的方法发生了冲突，他们分别是"顿""渐"两派。熟悉佛教和禅宗历史的人都知道，这也是汉传佛教里禅宗的两种根本区别，一种主张顿悟，一种主张渐修。

布顿的《善逝教法史》又叫《善逝教法源流大宝藏论》，"教法史"藏语作"chos' byung"，意为"佛法之源流"，藏文有关佛教源流历史的文献，往往都叫"chos' byung"，这一部是最早的。作者布顿·仁钦朱是藏传佛教夏鲁派创始人，该书成书于1322年，相当于元朝中期。这部书分四章：第一章概述佛教，讲述诵经闻法的功德，和听闻、思索、修行的关系。第二章是佛教史，记述释迦牟尼诞生、三转法轮及灭寂后的三次结集，经律论三藏的出现，以及佛教在印度、尼泊尔传播的历史，并对"南瞻六庄严"（龙树、提婆、无著、世亲、陈那、法称）的生平及著作进行扼要的介绍。第三章从叙述吐蕃王统世系起，到佛教传入西藏，分前弘期、后弘期。对当时吐蕃赞普选派王室、贵族子弟到印度、尼泊尔和汉地学

---

[1] 《善逝教法史》，有郭和卿汉译本，题为《佛教史大宝藏论》（北京：民族出版社，1986）；又有蒲文成汉译本《布顿佛教史》（兰州：甘肃民族出版社，2007）。

经,迎请高僧传教、译经,建立僧伽制度等情况,记述得比较详细,这是研究吐蕃宗教史和文化交流史的重要史料。第四章以大量篇幅对藏地所译典籍作理论性的分析和编目,是布顿对前人译著的整理和总结。关于这次桑耶寺争论的记载在第三章中。据说,吐蕃的赞普(赤松德赞)是偏向于寂护这一派的,从印度来的莲花戒和从唐朝来的摩诃衍唱对台戏,布顿记载了莲花戒和摩诃衍各一段辩论,据说"汉僧方面被驳得哑口无言,当场表示服输,吐蕃赞普便下令禁止传播他们的学说"[1]。

除了布顿的《善逝教法史》之外,另一种重要藏文文献《巴协》(*sBa bzhed*)也有记载。《巴协》有大中小三种文本,据说最早的《巴协》出自8世纪,已经亡佚,但是部分内容作为底本还存于14世纪的《巴协》里面,其中恰好就有桑耶寺早期情况的记录,曾为布顿引用过。据说,《巴协》最早的整理者是巴色囊[2]即巴上师,他作为赞普的大臣,曾亲自参与印度与汉地僧侣的引入与佛教的接受。他先是引印度高僧寂护入藏,传"十八境""十二因缘"等佛教思想,但由于本土贵族与传统苯教抵抗,声称佛教带来很多灾难——这和6世纪佛教初传日本的时候,苏我氏支持佛教,物部氏反对佛教,以天灾来怪罪佛教,导致摧毁佛教的戏码完全一样——

---

[1] 戴密微《吐蕃僧诤记》,17页。
[2] 巴色囊,又作拔塞囊;《巴协》,又作《拔协》。见拔塞囊《〈拔协〉(增补本)译注》(佟锦华、黄布凡译注,成都:四川民族出版社,1990)。

巴色囊又奉命从大唐引入汉僧。其中,摩诃衍的修行方法是不主张渐修,提倡无为,直指人心。这引起寂护的弟子莲花戒的反驳,莲花戒认为不思考,就不能得到智慧,不修炼,就不能去除妄想,必须"渐修十地,始成正觉"。后来,因为印度佛教在辩论中大胜,赤松赞普便宣布佛教为"国教",取代了本土的苯教。

这个事件,因为这些藏文资料的存在,在戴密微之前并不是没人注意。学术史总是如同接力,以前人们爱说"积薪"这个词,这个词出自《汉书·汲黯传》,意思就是像堆木柴,后面堆的在上面,表示"后来居上"。应该说,在戴密微之前,对这一佛教史上的辩论虽然有提及,但研究的广度、厚度、深度都不够,对它的历史意义也认识得不充分。戴密微的书是1952年出版的,在他之前,1932年前后,西方学者像奥贝米莱等人在研究梵文写本《修习次第》的时候,就已经注意到了这场辩论[1]。不光是西方,1933年,中国很了不起的佛教学者吕澂也在《西藏佛学原论》里,提到了莲花戒与摩诃衍的辩论[2]。吕澂是欧阳竟无支那内学院系统的居士佛教学者,这些居士学者在晚清民国时期,是佛教研究的重要群体,和太虚为代表的佛教僧侣界,以及大学里汤用彤、胡适这些学院学者鼎足而三。有人认为,他们既能深入佛教从内部观察,又能避免

---

[1] 可参考戴密微《吐蕃僧诤记》,1页。
[2] 吕澂《西藏佛学原论》(上海:商务印书馆,1933),22—23页。

佛教徒极端的信仰立场,是最好的研究者。这也许有道理,吕澂精通佛教,掌握各种语言,确实很了不起。不过在《西藏佛学原论》中,吕澂对这场辩论讲得不多,只是一两页就带过去了。

接下来,1947—1948 年,李安宅写了一本《藏族宗教史之实地研究》,其中也提到早期吐蕃汉僧与印度僧人的论争[1]。李安宅1938—1944 年一直在西藏考察,到了 1947—1949 年,他先后到美国和英国教书考察。那时,他曾经把考察写的英文稿交给了出版社,但是奇怪的是,稿子后来下落不明,就连中文手稿也不知去向,一直到了 1980 年代才根据一个副本出版了中文版《藏族宗教史之实地研究》。李安宅当然没有看过戴密微 1952 年才出版的新研究著作,但他已经指出,唐代汉藏交流相当密切,因为大唐有两个公主嫁给藏王,所以大量汉文典籍流入吐蕃,这样"汉族僧侣大有作为"。并且也说道"这些汉僧属于禅宗,主张静修,自然不喜欢五颜六色的藏族佛教的摆布",但是,汉僧在辩论中失败,"结果本教信徒开始吸收(印度)佛教,汉地和尚离开了西藏"[2]。遗憾的是,他对桑耶寺事件

---

[1] 李安宅是一个很有故事的学者,他和于道泉是亲家,也都研究西藏。当年,于道泉大概拿了政府的钱,到欧洲游学迟迟不回国,傅斯年对他非常恼火,还专门写信给李安宅去声讨。参看王汎森、潘光哲、吴政上等整理的《傅斯年遗札》(台北:"中研院"史语所,2011)第三卷,1509—1512 页。而于道泉之所以得到史语所支持,大概是因为陈寅恪的推荐。1929 年,陈寅恪给傅斯年写信,说了道泉和喇嘛往来很多,对蒙藏语言极有兴趣,又很能吃苦,大概可以月薪百元云云,见《致傅斯年》,收入陈寅恪《书信集》("陈寅恪集",北京:生活·读书·新知三联书店,2001),27 页。
[2] 李安宅《藏族宗教史之实地研究》(上海:上海人民出版社,2005),18 页。

第三讲　新史料与新问题：学术史的国际竞赛

也是一笔带过，对这场佛教大辩论的记载，只有一页纸而已。

到了1952年，由于王重民先生提供了法藏敦煌文书《顿悟大乘正理诀》[1]，戴密微的《吐蕃僧诤记》才横空出世，按照他的话说，就是"伯希和从敦煌带回的一卷汉文文书驱散了所有的疑团，这卷汉文文献从许多方面证明了西藏传说的真实性"[2]。戴密微经由这份敦煌文书，参考了各种文字的丰富史料，对这场辩论做了详细的考证，并且顺带着详尽地考察了8世纪前后的唐蕃关系史。一下子，有关这场关系到后来一千多年西藏佛教发展大趋势的辩论，有了这样资料丰富的几百页著作。我读这部书的时候，一方面很震撼，佩服他广征博引的丰富史料，每一则文献都详尽考证的风格，一方面也苦恼，被他"密密麻麻地写满了学术性注释，往往一条注释就会延续数页"[3]的写法搞得很头痛。——这段话是谢和耐对它的评价。好在耿昇的中译本，用宋体字和仿宋体把正文和注释分开了，我的感觉，注释要比正文多出十倍甚至几十倍，而且中文、藏文之外，还有各种各样英文、法文和俄文的论著，几乎一网打尽。最重要的，是戴密微通过吐蕃僧诤这一事件的讨论，给8世纪亚洲宗教和历史的研究带来了根本性的新认识。我常常讲，学术史记住

---

[1] 当然，后来又有关于《顿悟大乘正理诀》的新发现，如英藏敦煌卷子S.2672，见中译本《吐蕃僧诤记》"附录二"。
[2] 戴密微《吐蕃僧诤记》，29页。
[3] 谢和耐《戴密微传》，见戴密微《吐蕃僧诤记》后附，518页。

的，是那些提供了关键证据，看破了背后玄机，揭示了历史关节，并且给后人开出无数法门的人。我们常常把这些成果看成是可以模仿的"典范"，当这些"典范"成为"规范"，大家都这么去研究，这个领域的学术史就大变化了。

不过，一开头我就说了，本文主要不是讨论《吐蕃僧诤记》的，关于这部书的学术价值，应该由更有资格的唐蕃印关系史、西藏佛教史和敦煌学专家来讨论。我这里长话短说，先简单地归纳《吐蕃僧诤记》的内容，提示大家注意这部书的几点：

首先，戴密微指出，汉僧摩诃衍来到吐蕃，是敦煌陷落于吐蕃（787年）之后，他曾经在吐蕃活动了较长时间，甚至还影响了王后没卢氏以及三十多位大臣夫人；其次，这场辩论发生在申年到戌年，即792—794年，长达一年以上，这时候是赤松德赞（乞黎苏笼腊赞）当政；再次，在这场辩论中，宣传顿悟和直指本心的汉僧摩诃衍处于守势，被迫进行自我辩护，甚至有些"可怜相"，要求结束辩论，而提倡渐修实践和研读经典的印度僧人则处于攻势。最后，他指出，这场辩论的结果意义重大，"如果（唐朝对吐蕃的）这一影响没有被印度方面抵制的话，汉地佛教本来是可以左右吐蕃后来的佛教发展方向的"，但"这一失败，却标志着吐蕃宗教史上的重要转折"，"吐蕃的佛教终于堕入到了印度婆罗门教的范畴中了"[1]。

---

[1] 戴密微《吐蕃僧诤记》，210—211、231—232页。

佛教史的争论，从来就没有那么和平和理性，佛教争夺传教的权力，也常常伴随着残酷的争夺、迫害甚至暗杀。中古时期的禅宗史这样，这次吐蕃僧诤也是这样。据说，汉僧还曾经想刺杀莲花戒，好像没有成功。但是，戴密微逐渐搞清楚这一争论过程，给我们带来了很多清晰的历史知识。第一，佛教第一次在西藏的官方文书中以"国教"的名义出现，并不是在过去一贯传说中的7世纪松赞干布（620—641年在位）时代，而是在8世纪的赤松德赞（755—797年在位）时代。第二，在赤松德赞时代，从印度来的高僧（尤其是寂护、莲花戒和莲花生），传授的是传统的通过修行，渐进解脱。这场辩论后，赤松德赞最终决定采用印度佛教的思想。第三，吐蕃的宗教信仰，从此便朝这个大方向发展，也就是说，吐蕃受印度影响相当深，印度文化甚至全面侵蚀了本土文化。一直到9世纪，由于印度风格的佛教太过兴盛，引起吐蕃传统的本土信仰不满，9世纪朗达玛（838—842年在位）执政的时候，又曾经支持苯教，迫害佛教，导致吐蕃的分裂，但这已经无法逆转吐蕃地区佛教流行的大方向。

有关最后这一点，我想再说几句。现在我们中国历史学界，常常把吐蕃也就是现在的西藏，看成是中国边缘，因此也特别注意在唐代历史中看吐蕃，或者是唐蕃关系史。但实际上，那个时代的吐蕃处在大唐与天竺两大文化之间，不能仅仅按照现在的国家版图，只考虑唐朝和吐蕃的关系。其实，它和天竺的关系很深，王玄策出使天竺，遭遇大乱，也是要依赖吐蕃的力量才得以翻盘脱身，吐蕃和天竺之间交往和冲突很多。如果更拓宽视野来看，吐蕃其实在8、9世纪，在地理上处在亚洲中心，南边是印度，东边是南诏和大唐，西边是大食，北边是回鹘和西域各国，所以它其实是8世纪亚洲史的枢纽之一。有一份公元762年大唐肃州地方长官给吐蕃的文书中，就承认吐蕃"东有青海之隅，西接黄河之险，南有铁岭之固，北有雪山之牢"，而且极昆仑，通百越，有海陆贸易，国富、兵众、土广，"方圆数万里之国，足可以为育养"[1]。所以有学者说，其实吐蕃也自视为"天下中央"，它也有以自身为中心的"天下秩序"，像印第安纳大学的白桂思关于吐蕃的研究著作，就把吐蕃放在中亚，研究它与突厥、大食、李唐的冲突[2]。有人曾经说，8世纪末，回鹘和崛起的吐蕃王国之间北庭之战的重要性，远远超过大唐和大食之间的怛罗斯之战，这是有道理的[3]。

---

[1] 戴密微书引用《为肃州刺史刘答南蕃书》（法藏敦煌文书 P.2555），373—375页。

[2] Christopher I.Beckwith, *The Tibetan Empire in Central Asia*, Princeton University Press，1987. 转引自林冠群《玉帛干戈：唐蕃关系史研究》（台北：联经出版公司，2016）第一章，59页。

[3] 安史之乱后，吐蕃即陆续攻占凉州、甘州、肃州、瓜州、沙州，阻断了大唐与西域之间的交通。贞元年间，吐蕃更是大掠泾、陇、邠、宁，攻陷夏、银、麟州，与唐王朝发生激烈冲突，成为唐王朝的肘腋之患。唐王朝用李泌的策略，联合回纥和南诏，从两方面钳制吐蕃。回纥于788年要求唐王朝改称其为"回鹘"，唐王朝封其首领为"长寿天亲可汗"。贞元五年即789年，吐蕃攻北庭，与回鹘激烈交战，第二年，吐蕃打败回鹘，当时，北庭唐朝守军与西域葛逻禄、白服突厥、沙陀等原本依附回鹘的西域军事力量，因为不满回鹘，转归吐蕃。从此，由于吐蕃的缘故，唐王朝与北庭安西之间音问断绝。而在西川一线，吐蕃与唐王朝也互有攻守，一直到821年长庆元年，双方会盟，情况才逐渐稳定下来。

尽管吐蕃控制西域，使得唐王朝失去控制权，但是信奉佛教的吐蕃，也使得更西边的伊斯兰力量未能更深入地东进。前面我说过，我们看待历史，很重要的就是不要固执于某一个位置、某一个角度、某一个立场，"横看成岭侧成峰，远近高低各不同"，所以，"王朝中心观"把中心放得很大，会把历史上曾经重要的事情"边缘化"，甚至用望远镜倒着看，变得很小很不起眼，这是需要警惕的。

特别是，伊州、瓜州、沙州在8世纪后半叶被吐蕃占领，这给中古史增加了一个很有意思的话题。在大蕃国时代，一方面这里成了唐蕃文化交流的重要地点，后面我们要说到陈寅恪先生表彰的翻译佛经的大师法成，就是这样一个文化的媒介，陈寅恪先生说他是"一代文化所托命之人"；但另一方面，这种异族占领，也使得原本在那里生活的人，出现了"认同"的两难——忠于大唐，还是认同吐蕃？讲汉语，还是讲吐蕃语？遵从新的大蕃国生活习俗，还是延续大唐过去的风俗习惯？我们现在学界热衷讨论的所谓"认同""离散"问题，文化语言与所属政权之间的分离，其实当时就已经出现了。

1950年代的戴密微当然不会用"认同""离散"之类现在的理论概念，不过，他用了很长的篇幅，解说敦煌一带唐蕃之间出现的问题，比如，他指出政权更迭，对汉人来说，有三大灾难：胡人的奴役、贬去异域、高山[1]。他也说到由于统治族群的更替，出现了

---

[1] 戴密微《吐蕃僧诤记》，384页。

服装的问题、辫发的问题、文化习惯的问题。这一点,和此前中古时期鲜卑所谓"索虏",元和清的"易服""辫发",都是一样的,涉及一个东亚很严重的文化象征变化和国族认同危机。以前日本学者桑原骘藏就特别讨论过中国人辫发的风习,把这种改辫发的习惯提升到族群文化认同的高度上来。在《史料疏义》里面,戴密微更是对当时刚刚发现的两组敦煌诗歌(P.2555)进行了解说,说明那一带的汉族文化人,在那个时代确实有认同危机和故国之思。我们不妨看几个例子:

> 万里山河非旧国,一川戎俗是新知。
> 黯然乡国处,空见路茫茫。
> 西瞻瀚海肠堪断,东望咸秦思转盈。
> 不见书传青海北,只知魂断陇山西。[1]

戴密微并没有往下分析,但重要的是,他启发了我们,如果我们把这种问题,放在更大的以吐蕃为中心的"亚洲史"里去看,也用上"认同"和"离散"这样的理论,是不是也能诠释出一些很有深度的话题呢?

---

[1] 戴密微《吐蕃僧诤记》,385—406 页。

二、日本学者发现新资料：为什么是日本？

前面我说到，学术史就如同"积薪而上"。《吐蕃僧诤记》出版之后，陆续有不少补充订正出来，比如，意大利著名的西藏学家朱塞佩·图齐（Giuseppe Tucci，1894—1984）根据各种藏文文献，特别是《修道次第论》的记载，对比《顿悟大乘正理诀》中的人名，指出这场论战并不是像汉文文献说的那样，发生在拉萨，而是在桑耶寺，同时他也指出，桑耶寺在西藏历史中，地位非常重要[1]。这一类细节的修订和考辨，在这部大作出版之后仍有很多，包括中国学者也有不少贡献。

但是，有关桑耶寺佛教辩论事件研究的关键推进，我特别要提及的是日本学者。这里指的主要是1960—1970年代，日本学者山口瑞凤（1926—2023）、上山大峻、今枝由郎等人通过藏文资料和汉

---

[1] 桑耶寺始建于公元8世纪，坐落于西藏山南地区扎囊县桑耶镇，南临雅鲁藏布江，东靠"四大神山"之一的哈布日神山。参看图齐《小部佛典》（*Minor Buddhist Texts*，Roma，1958），Part 2, Chapter 1, pp.3-154；图齐《桑耶寺的象征性》（The Symbolism of the Temples of *bSam yas*，in *EW*，VI（1955/1956），pp.585-588；以及图齐给钱德拉（Lokesh Chandra）所编《桑耶寺》（新德里，1961）一书所作的序（Preface），pp.9-11。以上，也参考伯戴克等编《朱塞佩·图齐著作年谱》，载魏正中、萨尔吉编译《探寻西藏的心灵：图齐及其西藏行迹》（上海：上海古籍出版社，2009），100—102页。

文文献做出的新发现[1]。

1964年，上山大峻发现另一种敦煌汉文文书《大乘二十二问》，内容可能和这一争论有关。这份文献应当是敦煌的一个佛教高僧昙旷在晚年（约786—788）回答吐蕃赞普有关佛理的问题的作品。当时，敦煌已经被吐蕃控制，上山大峻推断，吐蕃赞普为了理解佛教道理，处理汉僧摩诃衍与印度僧人莲华戒的争论，才向昙旷请教了这二十二个问题。因此，摩诃衍在拉萨的申年至戌年，应当是780—782年，也就是赞普还没有宣布佛教为国教的时代，而不是已经宣布佛教为国教之后的792—794年[2]。后来，上山大峻还在另一篇文章里指出，如果辩论已经过去，赤松德赞还要来咨询昙旷，是不是可以怀疑，戴密微简单地判断印度佛教一战而胜，《顿悟大乘正理诀》改纂记录，掩盖失败，这个结论是不是太仓促了一些？他甚至猜测，关于佛教的争论有过两次，一次是印度佛教胜出，一次是汉传佛教胜出。他的这一猜测是否可靠？大概还不一定[3]。不过，敦煌文书中另有《王锡上吐蕃赞普书》（P.3201），这

---

[1] 关于桑耶寺的这场佛教辩论以及研究情况，山口瑞凤在1980年代有相当清晰和全面的概述，吸纳了日本方面的诸多成绩，见山口瑞凤《中国禅とチベット佛教》，《敦煌佛典と禅》（讲座敦煌8，东京：大东出版社，1980），379—407页。

[2] 上山大峻《昙旷と敦煌の佛教学》，原载《东方学报》第35册，收入《敦煌佛教の研究》（京都：法藏馆，1990）改题为《西明寺学僧昙旷と敦煌の佛教学》，17—83页。《大乘二十二问》经过校订的文字，在此书的"资料"中，485—503页。

[3] 上山大峻《チベット宗论の始终》，前引《敦煌佛教の研究》，248—249页。

个王锡就是《顿悟大成正理诀》序文作者王锡。据学者考证[1]，王锡此文写于建中二年或三年前后（781—782），其中提到"大唐与大蕃，俱为大国"，应当商贸往来，而且还提到赞普"交驰驿使，延请僧徒"，所延请的僧人是不是指摩诃衍？如果是，那么就更证实摩诃衍入吐蕃及僧诤事件的申年至戌年，应当是780—782年。我以为，上山大峻这一研究的重要意义，并不在对中印僧侣辩论结果的重新审查，而是对桑耶寺僧诤时间的确定。而这一时间的重新确认，也就意味着，并不是吐蕃决定以佛教为国教才有这场辩论，而相反是这场争论决定了吐蕃将佛教立为国教，并接纳了印度佛教的方向[2]。后来《新唐书》卷二一六所谓吐蕃"喜浮屠法，习咒诅，国之政事，必以桑门参决"[3]，是在这个时候才确立的。换句话说，这场发生在桑耶寺的佛教大辩论，决定了后来西藏与内地在政治、宗教和文化上的大差异。

接下来，日本学者又在唐蕃宗教往来的藏文资料中继续深挖搜索，对于唐蕃之间佛教交流的研究，也取得了前人所不及的成绩。前面我们说过，汉文史料中，《册府元龟》《唐会要》以及后

---

[1] 见赖俊、李宗俊《〈王锡上吐蕃赞普书〉（P.3201）的写作时间及相关史事考》，载《西北民族论丛》（北京：社会科学文献出版社，2015）第12辑，68—84页。
[2] 对于桑耶寺辩论的时代，上山大峻后来似乎观点有改变，见上引《チベット宗論の始終》。
[3] 《新唐书》卷二一六《吐蕃上》，6072页。

来的佛教文献《佛祖统纪》里面，曾提到大唐和吐蕃的宗教交往，但都从中原王朝出发，而且语焉不详[1]。可是，1973年，山口瑞凤根据影印的藏文《桑耶寺纪年》，发表了一篇论文《吐蕃佛教与新罗之金和尚》。《桑耶寺纪年》（*bSam-yas-loryus*）是最早的藏文历史书之一，传说为娑腊大臣所撰，里面记载说，赤德祖赞（金城公主之夫，即尺带珠丹，《新唐书》作乞黎苏笼腊赞，704—755）的时代，吐蕃曾经遣使到大唐，使者回程经过成都，在那里学习佛法。禅宗净众寺一派的传人、新罗人金和尚（即无相，684—762）和他的学生无住（714—774），曾经教导过来自吐蕃的佛教徒[2]。净众寺是禅门重要一系所在，前面提及的重要敦煌禅籍《历代法宝记》，就是这一系禅师的著作。可以顺便提及的是，山口瑞凤是吐蕃历史的大专家，他的著作《吐蕃王国成立史研究》，长期以来都是吐蕃前期历史研究的重要参考书。而另一位稍晚的学者冲本克己，则在《敦煌出土的藏文禅宗文献的内容》中，根据敦煌藏文文献《虚空藏禅师善知识系谱略述》（P.996）指出，虽然

---

[1] 巴卧·祖拉陈瓦《贤者喜宴》（北京：民族出版社，1985）说，金城公主曾经向吐蕃赞普介绍说，"吾之汉地，佛法兴旺，实行七七追荐，吐蕃尚不兴佛，亡论实可怜"，297页。可见金城公主入藏，对佛教在吐蕃的传播有一定作用，特别是她在世时，于阗遭难，大量信仰佛教的僧人南下吐蕃，金城公主建议修建寺庙给他们居住，这在法成的著述中有所记载。这些僧人也许影响了吐蕃。

[2] 所以，在敦煌发现的藏文写本中，才会有这两位禅僧的语录。见山口瑞凤《チベット佛教と新罗の金和尚》，参看冉云华《东海大师无相传研究》，载其《中国佛教文化研究论集》（台北：东初出版社，1990），52页。

摩诃衍最终败给了莲花戒,但并不意味着汉传佛教禅宗就在吐蕃完全退出竞争,因为他发现摩诃衍在吐蕃还有弟子虚空藏(活跃于760—820年),而虚空藏又有弟子智音,并撰有《大乘无别修习道》[1]。

其中最重要的发现,是1975年今枝由郎做出的。今枝由郎是在法国任职的日裔学者,他从巴黎所藏敦煌藏文文献中,找到了我认为戴密微之后最重要的资料。他发现,《顿悟大乘正理决》中的"旧问"部分,可以与法藏敦煌藏文文书 Pel.tib.0823(中文名为《入顿悟门》)相对照,说明它们记载的是同一件事情,而且他在藏文文书中,也找到了 Mkhanpo Ma Ha Yan,即摩诃衍之名,这更证明了这里记载的就是桑耶寺发生的那一场争论[2]。他的发现极为重要。为什么呢?因为他证明:(1)汉文文书和藏文文书中,记载了同一事件,可以两造对正;(2)汉文《顿悟大乘正理决》不是实录,而是事后的整理(只有"旧问"是原来有的),很多(比如"新问")是汉僧后来的添油加醋和涂脂抹粉,有点儿像我们说的"倒填日月",搞得好像在辩论中,汉僧胸有成竹理直气壮似的;(3)当然他也看到,藏文文献中印度方面的申论,有的部分也是事

---

[1] 冲本克己《敦煌出土的藏文禅宗文献的内容》(李德龙译,载《国外藏学研究译文集》第八辑,拉萨:西藏人民出版社,1992)。

[2] 该文书即藏文《入顿悟门》,见《法国国家图书馆藏敦煌藏文文献》(上海:上海古籍出版社,2009)第8册,282—285页。

后的虚构[1]。

这里允许我发一些题外议论。为什么这些发现,是由日本学者而不是中国学者做出来的?我在这里,想谈一谈学术国际竞争的话题。为什么是日本而非中国学者发现了这些材料,解决了问题?这当然有1949年以后,中国学者与国际断绝往来,不能充分获得域外资料的缘故,但我以为更重要的是中国学者在那个时代逐渐和国际脱节,和陈寅恪先生说的"预流"背道而驰,把自己的眼界限制小了,把自己的研究范围收窄了,也放弃了晚清民国以来与国际学界竞赛的雄心。

你对国际学术潮流和趋向是否关心?你有没有把自己放在国际背景中和国际学界"展开对话"?你有没有在同一个话题、同一个领域里"入室操戈"?你有没有超越自己国家的历史视野对超越国家和族群的历史多加关注?老实说,日本从明治、大正以来,白鸟库吉等学者对东洋学,也就是周边四裔之学的关注,就形成了和国际对话的风气,而且在和西洋人的学术竞赛中,就对满蒙回藏之学很重视,对藏文文献也就特别注意收罗和研究,像我曾经关注过的学者河口慧海(1866—1945)、寺本婉雅(1872—1940),就大大推

---

[1] 今枝由郎《有关吐蕃僧诤会的藏文文书》原来以法文发表在《亚细亚学报》263卷(1975)1—2期;今已经译成中文,参看王尧主编《国外藏学研究译文集》第二辑(拉萨:西藏人民出版社,1987),68—87页;又,中文本也附在《吐蕃僧诤记》耿昇中译本"附录二"中。

动了日本学界对西藏宗教、历史和文化的研究[1]，山口瑞凤、上山大峻、今枝由郎这些学者，就是始终坚持在这个延长线上走的。所以，研究唐蕃关系史的学者林冠群就说，日本学者的藏学有丰硕成果，尽管很少用英文发表，"但西方学者从不敢轻忽日本的藏学研究，许多西方学者特地学习日文，以便阅读日文的论著"[2]。以前傅斯年讲的"虏学"，其实恰恰是20世纪上半叶国际学界的热点，不过，傅斯年很汉族中心主义，所以总是觉得汉族中国的历史才重要，但是他也看到了所谓四裔之学，或者说西域南海之学的确很重要，而且确实是西洋东方学和日本东洋学的特长。

但是，西域南海之学或者满蒙回藏之学，从晚清以来在中国就是"绝学"。以前，有个年轻学者写了一本书讲晚清的西北史地之学，名字就叫《绝域与绝学》。既然是绝域，那么它要么是边疆要么是遥远的边地；既然是绝学，那么就常被视作少数"荒江野老"在书斋里的学问，和国家、社会关系不大。因此，中国学界对这方面的关注并不多。汉族中国的历史、正统王朝的历史，占的比重太大，在近代目标是建立爱国主义认同的历史研究中，这些"绝学"似乎不受重视，很多边缘的、非汉族的、非主流思想文化的研究课

---

[1] 参见葛兆光《宅兹中国：重建有关"中国"的历史论述》（北京：中华书局，2011）第七章《边关何处》，235—236页；及《亚洲史的研究方法》（北京：商务印书馆，2022）第二单元第一讲《从欧洲东方学、日本东洋学到亚洲史研究》，158—159页。
[2] 林冠群《玉帛干戈：唐蕃关系史研究》第一章，35页。

题,就变成了"冷门绝学"。顺便可以说一下,就连藏传密宗等密宗各派,在民国时期,都要派人跑到高野山,去向日本人学习。从这里可以看到,一方面,我们往往把历史上的吐蕃,看成是现实中的西藏,就像西藏是中国的边疆省份一样,有关吐蕃的研究,在中国史里被看成是"边缘",难以成为主流。1949年以后,主要是西藏学者、靠近西藏地区(云南、四川)的学院研究人员,或者是民族史学者,像王尧先生这样的人在做这些研究,很难引起主流学界的关注;那些边缘/边远的历史,也很难在政治生活和社会关怀上引起激荡。另一方面,有关中国西藏和印度两个地理区域的宗教关系,在中国变成了"中外关系史"领域下面有关中印关系,再下面的"中外宗教关系史"的课题,因此就变得更加不重要了。而且,即使有人从事这一领域研究,也很难找到足以"成为关键"的问题,把它和那个时代的宏大历史联系起来,就像戴密微找到的吐蕃僧诤事件一样。它不仅是8世纪吐蕃宗教的起点,也是中印文化在吐蕃交汇的标志,更是中唐敦煌一带陷落后,唐蕃关系的巨变时代里,亚洲中心区域东西南北联系与阻隔的枢纽。

有时候很让人感慨,19世纪、20世纪之交,是学术史发生传统到现代大转型的时期,在研究东方宗教的领域里有很多新史料和新发现,大部分是西洋或东洋学者做出来的。从历史语言学角度重新研究佛教,以及借助传教士文献研究天主教入华历史,乃至通过回鹘残碑、敦煌资料和各种语言,重新研究来华摩尼教,都是从欧洲学者开始的（沙畹、伯希和）；关于中国民间宗教信仰的调查研究，也是从欧洲学者开始的（高延、禄是遒）；就连对各种中国宗教遗址的实地考察，也是欧美学者领先的（谢阁兰 [Victor Segalen]，1878—1919；喜龙仁 [Osvald Sirén]，1879—1966；弗利尔 [Charles Lang Freer]，1854—1919）。后来，日本东洋学家开始介入，像历史上消失很久的三阶教，是日本人矢吹庆辉从敦煌文献中发掘出来的，大规模的佛教、道教遗迹（比如应县木塔、响堂山石窟、龙山道教石窟），则是伊东忠太、关野贞、常盘大定等率先发现的。当然，在宗教史上，20世纪上半叶的中国学者也有不少贡献，像陈垣对祆教和也里可温的研究，就很精彩；像神会和禅宗史的研究中，也不能不提到胡适的发现和诠释。可是，到了现在，有什么宗教史上的"关键问题"，可以说是我们发现了新史料和新问题？

日本学者之所以在这方面比中国学者成绩突出，并不仅仅像前引林冠群所说，是因为他们既能用汉文材料，又能看西方研究，也能用藏文原典。更重要的恐怕是，沉下心来不计实用的学术精神，深入充分的国际学术交流条件，才是日本学者能够成功而中国学者难以成功的根本原因。我当然希望，是中国学者在宗教史上提出引领风气的问题，发掘出关键的新材料。这既不是民族主义，也不是妄自菲薄，以前，陈垣、傅斯年、陈寅恪都感慨有关中国和周边的学问，被东京和西京抢先了，他们想要把"汉学中心"拿回来，其实就是想在学问上和西洋、东洋进行比赛，竞争高低，恰恰是看到了人家的长处和自己的短处，才有这样的说法。

三、附带引出的新问题：禅宗南顿北渐之疑问

回到戴密微的书。他和其他东西洋学者的不断努力，基本上把8世纪吐蕃僧诤的历史搞得很清楚了。但是，还是留下了一个问题。这个问题就是，如果摩诃衍是北宗和尚，那么，为什么他也讲"顿悟"？王尧先生当初留给我的，就是这个问题，而戴密微的书，最终也没有给出特别好的解释。

在桑耶寺佛教争论中的摩诃衍，戴密微虽然肯定他的师承是北宗禅，但是没有特别明确判定他的思想，究竟来自南宗禅还是北宗禅，表述中有些矛盾和含糊[1]。特别是因为中唐圭峰宗密的《中华传心地禅门师资承袭图》中，曾记载神会一个弟子名叫"摩诃衍"，所以，饶宗颐先生曾一度误认为，摩诃衍是神会的弟子[2]。但出身

---

[1] 比如他在"附录"中说到摩诃衍的老师降魔藏，就说"他在受明瓒的度化之后，又研究了南宗经"（在注释中他列举惠能《坛经》和神会《南宗定是非论》，并说南宗的书标题都是以"南宗"为开头的，这恐怕是误设），下面又说"他然后就参加了神会（606—706）宗，也就是北宗"（应当是中译本的误植。这里的"神会"，从生卒年看，是"神秀"之误）。我揣测他这样说，大概是为了弥合摩诃衍是北宗出身，但也讲"顿悟"的矛盾。438页。

[2] 饶宗颐《神会门下摩诃衍之入藏兼论禅门南北宗之调和问题》，载《香港大学五十周年纪念论文集》（香港大学，1964），173—181页。

第三讲 新史料与新问题:学术史的国际竞赛

法系这一点,其实是不需要争论的,因为在有关桑耶寺僧诤的敦煌文献中,摩诃衍明明白白记载,自己师承的是通常所谓北宗一系的降魔藏、小福(即惠福)、大福(即义福)等。那么唯一存在的疑问,就是为什么北宗门下的他也讲"顿悟"?

通常,禅宗史都肯定"南顿北渐",都会同意南北对立之后,南宗禅门如神会在与北宗争胜中,就特别强调"顿悟"是自己的秘传家法,好像是秘不示人的传法衣钵,并且专门攻击北宗禅"凝心入定,住心看净,起心外照,摄心内证"这一普寂、降魔藏的渐修法门是"障菩提"。神会一直在凸显南宗所谓"顿悟",即《菩提达摩南宗定是非论》上那句偈语所说的,"唯传顿教法,出世破邪宗"[1]。但摩诃衍也讲"顿悟",就引出一个大问题,就是从敦煌文书、石刻文献和传世资料中,能不能重新认识"北宗禅也讲顿悟"这个现象,从而使禅宗史研究,摆脱"南顿北渐"的既定模式?

而这个公案的解决,也是从敦煌文献的解读开始的,让我们从头说起。

(1)1920年代,日本学者矢吹庆辉在巴黎发现法藏敦煌卷子P. 2162,即题为"沙门大照居士慧光集释"的《大乘开心显性顿悟真宗论》(下面简称《顿悟真宗论》)。1932年,这份文献收入《大

---

[1] 《菩提达摩南宗定是非论》,《神会和尚禅话录》(杨曾文编,北京:中华书局,1996),29、17页。

正藏》第八十五卷"古逸部"。稍后，1934年朝鲜人金九经也对这份文书加以解说，收入沈阳出版的"姜园丛书"中。这样，很多人都可以很方便地看到这一亡佚已久的文献了。

这一文献公布后，因为"顿悟"二字，学界一般认为这是南宗禅，而不是北宗禅的作品，特别是里面也有"真性（不起心）""离自性（心不起）""不断一物，亦无道可求""凡圣无异"这样激烈而直接的思想表达，所以，更让人觉得它就是南宗文献。如有名的学者矢吹庆辉[1]、宇井伯寿[2]、镰田茂雄[3]。尤其是铃木大拙，他在《禅思想史研究第三》的第一章《惠能示寂之后南宗禅的思想》中就认为，这是神会系统的作品。只是对作者"沙门大照居士慧光"，是一人还是两人，如果是一人，他是谁，各个学者还有不同的看法[4]。

（2）《顿悟真宗论》的作者叫慧光。到1960年代，禅宗史研究者柳田圣山发现了斯坦因编号S.5532的英藏敦煌卷子《禅门经》，

---

[1] 矢吹庆辉《鸣沙余韵解说》（东京：岩波书店，1933），540页。
[2] 宇井伯寿《第二禅宗史研究》（东京：岩波书店，1941），255页。
[3] 镰田茂雄《中国华严思想史の研究》（东京：东京大学出版会，1965），260页。
[4] 《顿悟真宗论》作者署名中的"沙门大照居士慧光"，是一人还是两人，过去似乎都以为是一人，最早英国学者小翟理斯（L.Giles）在1951年针对S.4286残卷，于伦敦出版的 Descriptive Catalogue of the Chinese Manuscripts from Tunhuang in the British Museum 中，就说"大照"和"慧光"是一个人，问答是自问自答。但是，从文中记载（慧光）"居士问"与"大照禅师答"的对话来看，恐怕是两个人。如果是两个人，就要考虑"大照"是否就是著名的北宗禅师普寂了。

在北京图书馆收藏的敦煌文书中也有一份同样的《禅门经》。对禅宗思想极为熟悉的柳田圣山曾认为，它似乎应当与北宗禅有关，成书年代在730年之前，但它的序文作者也叫"慧光"[1]。有人如饶宗颐先生就认为，这个慧光就是《顿悟真宗论》的作者慧光。他还发现藏在伦敦的斯坦因编号S.4286的卷子，也是一份缺了三分之一的残卷《顿悟真宗论》。他很简单地相信，二者的作者是同一个僧人慧光，是南宗禅师。然而，对《禅门经》做了细致研究的柳田圣山，却认为恐怕并非如此。为什么？因为《禅门经》的序文中说到，作者慧光曾经到嵩山嵩岳寺夫礼拜寂和上，也就是北宗禅的大师"普寂"，不会是南宗禅门中的人。而且《顿悟真宗论》的思想语言，也和北宗文献如神秀的《观心论》有某些相近的地方。因而《顿悟真宗论》的序文中所说的，作者"（慧光）志求菩提，前事安阇黎，后事会和尚，皆已亲承口诀，蜜（密）授教旨"，这里的"会和尚"有可能是"秀和尚"之误。因为神会（684—758）与老安（传582—709）年纪相差太多，慧光不可能既追随老安，又跟从神会，倒是神秀和老安是同一代人。

（3）这个发现，让人开始怀疑，原来判定是南宗作品的《顿悟真宗论》，应当不是南宗禅而是北宗禅的文献。1989年，日本学者

---

[1] 柳田圣山《禅门经について》，收入《塚本博士颂寿记念佛教史学论集》（京都，1961），869—882页。

田中良昭给《顿悟真宗论》做了校注和翻译,发表在《松ケ岗文库研究年报》上[1]。人们开始注意到,这份文献里说的思想是,第一,提倡"真性"(不起心),而反对"自性"(即人人都有的妄心生出的性情);第二,提倡"不分别心"(即直心不着一切),反对"分别心";第三,提倡自然的"不断一物,亦无道可求";第四,强调凡圣没有差异,只是在于"取相"还是"离相"。从这一发现可见,其实,北宗也提倡"顿悟",和南宗禅没有太大的区别。这就给北宗禅思想的研究提供了新文献。

(4)不久,学者又发现了智达禅师有关禅宗思想的问答记录,即法藏敦煌卷子伯希和编号 P.3922 和 P.2799 的《顿悟真宗金刚般若修行达彼岸法门要诀》(以下简称《顿悟法门要诀》)[2]。这份宣传"顿悟"的文献卷首记载,提问者是"侯莫陈琰",讲述要诀者是"智达禅师",前面的序署名"先天元年(712)十一月五日,棣州刺史刘无得"。序文里说,这个侯莫陈琰居士是长安人,"在嵩山廿余年,初事安阇梨,后事秀和尚,皆亲承口诀,蜜(密)受教

---

[1] 田中良昭校注和译的《大乘开心显性顿悟真宗论》,参见《松ケ岗文库研究年报》(镰仓,1989),173—215 页。感谢小川隆教授,给我提供这份文献。

[2] P.3922,见《法藏敦煌西域文献》(上海:上海古籍出版社,2003)第 30 册,193 页;P.2799,见同上书第 18 册,278 页;陈尚君辑录《全唐文补编》(北京:中华书局,2005)卷二六所载刘无得《顿悟真宗金刚般若修行达彼岸法门要诀序》见于 P.2799,同上书第 18 册,321 页。这一文献除法藏敦煌卷子本之外,还有英藏敦煌卷子斯坦因编号 S.5543、日本龙谷大学藏 58 号等共七个抄本。

旨",显然是北宗门下。这份口诀"托为问答",也就是侯莫陈琰假借智达禅师自问自答的。而且刘无得对这一文献评价很高,"可谓释门之龙象,涉海之舟船",据上山大峻说该文献还曾经翻译为藏文。这一来,问题就变得复杂了。前面我们说,通常人们以为"南顿北渐","顿悟"是南宗的法门,可能是神会崛起之后,特别是732年的滑台大会之后,才冲击并影响了北宗,北宗也只好跟着提倡"顿悟"。也就是说,在神会影响下,才产生《顿悟真宗论》和《禅门经》。过去一些学者就是这样认为的。可是,这份讲"顿悟"的文献却是北宗禅门的,而且时间很早,比神会在滑台大会出道后,形成"南顿北渐"的话题还早二十年。

(5)怎么理解和解释呢?对这一点,最终提出新证据,并进行了一锤定音式解释的,是法国学者伯兰特·佛尔(Bernard Faure)[1]。他发现了一个关键证据,就是在周绍良先生编的《唐代墓志汇编》上册中有一篇《六度寺侯莫陈大师寿塔铭》。这篇石刻文献可以证明,这个智达俗名就叫侯莫陈琰,"年甫弱冠,便入嵩山,初事安阇梨(北宗禅大师老安),晚归秀和上(神秀),并理符心会,意授口诀,二十余年,遂获道果"[2]。从碑文知道,他死于开元二年(714),而《顿悟法门要诀》是在唐玄宗先天元

---

[1] 参看伯兰特·佛尔《正统性的意欲:北宗禅之批判系谱》(英文版出版于1998年,蒋海怒中译本,上海:上海古籍出版社,2010),136—140页。
[2] 周绍良编《唐代墓志汇编》(上海:上海古籍出版社,1992)下册,1154—1155页。

年（712）撰成的，所以才会有先天元年刘无得的序文。这样一来，敦煌卷子刘无得的序、石刻文献侯莫陈琰的碑，在法名智达、嵩山二十余年、师从老安和神秀这几点上，完全丝丝入扣，可以互相对证，几乎没有什么可怀疑的。这算是敦煌文献和石刻文献互相对照的极好例子[1]。问题是，如果真的是这样，《顿悟法门要诀》是智达在先天元年的作品，那么，就颠覆了禅宗史上的旧说。为什么？因为732年神会从滑台大会破门而出，以批判"渐门"为旗帜，高倡"顿悟"之说，形成南北对峙，远在此后二十年，所以神会所谓"顿悟"的新学说，恐怕反倒是窃取北宗的旧思想了[2]。

至此疑案水落石出。它解决了禅宗史上三个重要的问题：第一，过去一个很重要的历史定论，即南宗顿悟、北宗渐悟截然两分的说法，成了需要重新检查的论断。第二，原来纠缠不清的、去吐蕃传播汉地禅宗，并且与印度僧人辩论的"摩诃衍"，为什么也讲顿悟？现在可以证明，他不是南宗神会的弟子，确实是北宗禅的门下，北宗禅师也讲"顿悟"是很自然的。这样，与P.4646中记载

---

[1] 1991年，日本学者伊吹敦也发现了智达就是侯莫陈琰，他是开元二年（714）下葬的，塔在河南汲县（今卫辉）六度寺，碑为崔宽所撰，参见罗振玉《蒿里遗文目录》卷五、顾燮光《河朔访古新录》卷一。

[2] 以上可参看田中良昭《念佛禅と后期北宗禅》，载《敦煌佛典と禅》（讲座敦煌8，东京：大东出版社，1980），233—242页。

他的师承（师承大福、小福、降魔藏）就对上号了。第三，更证明了胡适当年揭穿的一种历史现象，即禅宗史上的"攀龙附凤"。在争夺正统地位的过程中，禅师们书写历史，总是为"编造家谱"而"隐没证据"，这是所有传统历史书写都有过的，揭出这一点，不必等待后现代历史学的提示。

从吐蕃的佛教论战，又回到中国禅宗史，还颠覆了一个千余年的南顿北渐定论，这也算是学术史上一桩有意思的事情。

结语：再读《大乘稻秆经随听疏跋》并致敬陈寅恪先生

前面，我以吐蕃僧诤大会为例，讲了一个跨国际的学术史竞赛的故事，用陈寅恪的话说，这就是"预流"的学问。我想，大家都读过陈寅恪《陈垣敦煌劫余录序》，陈先生说，学术必须要有新材料和新问题，用新材料来研究新问题，就是这个时代学术的新潮流。做学术的人，如果能进入这个潮流，叫作预流；如果不会用新材料，不会研究新问题，就叫未入流[1]。

那么，留学十八载刚刚回国，精通国际"行情"的陈寅恪先生，他自己那时候是怎样准备"预流"的呢？让我们重读1927年陈寅恪先生回国以后最早发表的文章之一——《大乘稻秆经随听

---

[1] 陈寅恪《陈垣敦煌劫余录序》，《金明馆丛稿二编》，266页。

疏跋》[1]。

看起来，这只是在介绍一份敦煌发现的佛教文献和它的作者，也就是法成。法成这个名字，从前在汉文佛教文献中从来没有记载，但是，陈寅恪在敦煌文书，包括藏文和汉文的各种佛教文献中，看到过不少次。后来的资料显示，法成从汉文翻译成藏文的佛教经典，多达二十几种[2]，当时，伯希和、羽田亨、石滨纯太郎也已经提示过他的重要性。

法成是什么人呢？原来，他不是汉族佛教徒，而是一个吐蕃僧人[3]。"知其人为吐蕃沙门，生当唐文宗太和之世，译经于沙州、

---

[1] 这是对《佛说大乘稻秆经》的疏解，见《金明馆丛稿二编》，287—289页。敦煌本《佛说大乘稻秆经》，国家图书馆存"闰"68，北新1331，以及英国、法国藏敦煌卷子多种；早年，江杜曾将京师图书馆所藏敦煌本此经及法成的《大乘稻秆经随听疏跋》修订后在上海出版。法成对此经，曾经以"五门"即"立所宗""明归乘""言归分""辩归藏""解释"，按《瑜伽论》的思路进行诠释。后收入《大正藏》第85册。

[2] 有人统计敦煌汉文文书中，法成的著作不少，如《心经》《诸星母陀罗尼经》《萨婆多宗五事论》《菩萨律仪二十颂》《八转声颂》《释迦牟尼如来像灭尽之记》《大乘四法经论及广释开决记》《大乘稻秆经随手镜记》等。但上山大峻指出，法成翻译成西藏文的佛教典籍却多达二十二部，说明法成译经的重心仍然是在对西藏的传教上。见上山大峻《敦煌佛教の研究》（京都：法藏馆，1990）第二章，84—92页。

[3] 法成（藏文 vgos chos grub，780—869，一说姓吴（旧说），一说姓管（王尧），他曾跟随莲华戒等印度僧人学习瑜伽中观，二十岁受戒，801年到敦煌，学习汉文与汉地佛教。815年彝泰赞普即位，他回到吐蕃，翻译《楞伽经》《解深密经疏》（圆测撰）。833年吐蕃内乱，他再赴河西。842年到沙州永康寺，842—846年到甘州修多寺。848年张议潮收复瓜沙诸州之后，他又到沙州开元寺，在汉藏之间翻译佛经，并讲《瑜伽师地论》。敦煌文书中有《吴和尚邈真赞》记载其事。学者注意到，在大中二年（848）之前，他的注疏署名前冠以"大蕃国"，因为此时吐蕃占领河西，但《吴和尚邈真赞》说他是"大唐敦煌译经三藏"，也许是张议潮复河西之后的说法。现在，依靠译经中的署名和题记，学者大体可以知道他的一生行踪。

甘州。"那个时候,敦煌一带被吐蕃占领(直到848年张议潮收复才重回唐朝)。陈寅恪先生在伯希和等人的研究基础上,又从北京藏文《续藏》的藏、满、汉、蒙四体目录中,发现一份《深微宗旨确释广大疏》,作者是"震旦律师温剘个",译者是"答哩麻悉谛"。原来,《深微宗旨确释广大疏》就是《解深密经》注疏的藏文译本,"温剘个"就是西明寺圆测(613—696),新罗人,鼎鼎大名的唯识学大师。而"答哩麻悉谛"呢?陈寅恪从蒙文找到梵文,从梵文推到藏文,原来就是"法成"。这样,把法成的研究又推进了一步[1]。陈寅恪先生在文章中,非常郑重地说"(法)成公之于吐蕃,亦犹慈恩之于震旦"。陈先生感慨道,然而这两个人,一个天下知名(慈恩,玄奘),一个默默无闻(法成),如果从佛教史看,其实他们"同为沟通东西学术,一代文化所托命之人"。

陈寅恪先生这篇跋文,只有不到三页纸。那么,这篇1927年的短文有什么重大意义呢?在陈寅恪之前,正如他所说,伯希和、羽田亨、石滨纯太郎也都有过研究,法成并不是陈寅恪第一个发现的。但陈寅恪这篇文章的意义,就是提醒人们法成此人在宗教史、

---

[1] 此后,有关法成的重要研究论著有:(1)1967—1968年,上山大峻《大蕃国大德三藏法师沙门法成の研究》(《东方学报》第38册,133—198页);(2)1980年,王尧《藏族翻译家管·法成对民族文化交流的贡献》(《文物》1980年第7期,50—57页);(3)1984年,吴其昱《大蕃国大德三藏法师法成传考》(日文,载《敦煌と中国佛教》[讲座敦煌7],大东出版社,1984);(4)2017年,徐健《吐蕃高僧吴法成生平三题》(《敦煌学辑刊》2017年第1期,37—44页)。

文化史上的重要性，和8、9世纪唐蕃之间佛教经典和教义交流的频繁。前面我们说，戴密微《吐蕃僧诤记》出版，是1950年代的一个重大国际学术成就，他从敦煌文书（P.4646）发现印度佛教僧人莲花戒与中国禅宗僧人摩诃衍在吐蕃的冲突，及其对吐蕃信仰世界形成的影响；20世纪六七十年代，日本学者在敦煌藏文文书中发现新证据，从而搞清了从摩诃衍到法成在大唐和吐蕃的佛教交流史上的意义。从中我们可以知道，要想对这个涉及宗教历史大关节的问题具备问题意识和研究方法，需要四个要素：（1）对有关8世纪汉藏印佛教交流的重视；（2）对敦煌汉文、藏文资料的互相对勘意识和能力；（3）各种语言知识交互使用的习惯；（4）对佛教史定说的重新审视，发现历史上的隐与显的敏锐。其实，如果从学术史"积薪向上"的角度来看，都可以追溯到1927年的陈寅恪先生以及这篇短短的文章。

所以，我们真应当向陈寅恪先生再三致敬。

第四讲　政治史与宗教史之间

——接着陈垣先生讨论清代前期的佛教

引子：乾隆刚即位，为什么要急着处置佛教？

雍正十三年（1735）旧历八月二十三日，雍正皇帝驾崩。

就在驾崩前两三天，雍正皇帝还在处理国事，怎么突然就死了？有人说他是吃金丹死的，也有人说他是暴病死的，民间还有他被侠客刺死的传说，这我们不去管他[1]。总之，皇四子弘历，也就是乾隆登了大位。从《清实录》记载中可以看到，新旧交替之际，各种大事头绪繁多。按照轻重次序，首先，要让顾命老臣鄂尔泰和张廷玉延续前朝的政务，处理雍正留下的种种后事；其次，要安抚满蒙汉各路王公大臣，安抚没得到大位的兄弟们，摆平各种矛盾；最后，要处理麻烦多多的准噶尔和苗疆边疆事务。刚刚登上皇位，乾隆行事还不免局促，很多新皇帝的诏令谕旨，得借着老皇帝的名

---

[1] 这类传闻很多，参见杨启樵《雍正死于方士丹药新探》，载李焯然、陈万成主编《道苑缤纷录》（香港：商务印书馆，2002），119—143页。

义，上谕里不断提及"皇考"如何如何，表示自己不仅继承了皇位，而且延续了前代的政治路线。

可是，就在这忙得不可开交的时候，乾隆皇帝却特意接二连三发布谕旨，不仅和"皇考"的佛教兴趣相左，而且特意对佛教风气大加讨伐。这有点儿反常，不过历史学的传统之一，就如"观水必观其澜"，总是放过"寻常"，而特别关注"反常"，因为历史上大凡反常之事的背后，总有些不寻常的原因，就像一川静水突起波澜，水底必有不平之处一样。

雍正十三年的九月六日，雍正去世不到一个月，乾隆发布上谕说，本来佛教的责任，是让人"明心见性，兴善能仁，舍贪除欲，忍辱和光"，可是，现在的佛教真是糟透了，"竟借佛祖儿孙之名，以为取利邀名之具，奸诈盗伪，无所不为"。他说，我皇考也就是雍正皇帝，虽然精通佛理，偶尔召见和尚聊聊，只是为了"俾佛教广有传人，以为劝善去恶之一助"，没想到，这些和尚借机夸张，好像皇帝和他们多么亲密。他特别举出木陈忞的《北游集》和骨岩行峰的《侍香纪略》，说他们"诞妄荒唐，供人喷饭"，甚至说"在国典则为匪类，在佛教则为罪人"，所以要加倍治罪[1]。

---

[1] 《清高宗实录》卷二雍正十三年九月壬寅（六日）引谕旨："后世缁流，竟借佛祖儿孙之名，以为取利邀名之具，奸诈盗伪，无所不为。以致宗风颓败，象教衰微，此皆不肖僧徒贻之咎也。我皇考聪明睿智，天纵多能。而于性宗之理，洞晰精微，深通奥妙。万几余暇，每召见僧衲，指示提撕，冀其勉力参悟，俾佛教广（转下页）

第四讲 政治史与宗教史之间

再过半个多月的九月二十三日,乾隆皇帝又发布上谕,要求恢复国家颁发度牒的制度[1]。他说,康熙皇帝的时候,因为有"玉琳国师、笮溪禅师主持法席,相继振兴",佛门风气不错,不发度牒还可以,但现在佛教风气很坏,里面各色人很杂,不光有游手好闲的无赖,甚至有犯罪逃亡的人,"参求正觉,克绍宗风者寥寥稀觏",所以,必须恢复由官方颁发度牒的方法,来整顿佛门纪律。

(接上页)有传人,以为劝善去恶之一助,此大慈悲父觉世之苦心也。乃数年以来,真能领会圣训者甚少,皇考尝为叹息。今陆续散出于外,其间品行不一,难保无借端生事之人。如昔年世祖章皇帝时,木陈忞大有名望,深被恩礼。而其所著《北游集》,则狂悖乖谬之语甚多,至其夸张恩遇处,尤为庸陋。又玉琳国师弟子骨岩行峰,著《侍香纪略》一书,更为诞妄荒唐,供人喷饭。已蒙皇考特降严旨,查出销毁,此中外所共知者,前事可鉴。朕不得不留心申饬,著该部传旨,通行晓谕,凡在内廷曾经行走之僧人,理应感戴皇考指迷接引之深恩,放倒身心,努力参究,方不负圣慈期望之至意。倘因偶见天颜,曾闻圣训,遂欲借端夸耀,或造作言辞,或招摇不法。此等之人,在国典则为匪类,在佛教则为罪人,其过犯不与平人等。朕一经察出,必按国法佛法,加倍治罪,不稍宽贷。"8122—8123页。

[1]《清高宗实录》卷三雍正十三年九月二十三日:"谕曰:历代僧人披剃,有给予度牒之制,所以稽梵行,重律仪也。我世祖章皇帝于顺治八年,停其纳银,仍给度牒。迨圣祖仁皇帝康熙初年,并给发度牒亦经停止。盖其时僧徒尚未甚多,又当玉琳国师、笮溪禅师主持法席,相继振兴之余,犹知共循遗轨,故不给度牒亦属可行。近日缁流太众,品类混淆,各省僧众,真心出家修道者,百无一二,而愚下无赖之人,游手聚食,且有获罪逃匿者,窜迹其中,是以佛门之人日众而佛法日衰,不惟参求正觉,克绍宗风者寥寥稀觏,即严持戒律习学小乘之人,亦不多见。蔑弃清规,徒增尘坫。此其流弊,将不可胜言。朕崇敬佛法,秉信夙深,参悟实功,仰蒙皇考嘉奖,许以当今法会中契超无上者,朕为第一,则并无薄待释子之成见可知。"其实就是以颁发度牒的方式,来控制和甄别僧徒。8147页。

又过了半个多月，十月十六日新皇帝再次发出异常严厉的指示，不仅重申雍正皇帝当年禁止木陈忞《北游集》、骨岩行峰《侍香纪略》以及木陈忞门下所撰《帝王明道录》的命令，而且反复说明，雍正对于玉琳、木陈只是偶尔感兴趣，可这些佛徒却故意攀附，说得好像皇帝多么崇敬佛教似的。乾隆皇帝更进一步要求各地督抚严查这类图书，"有一字关系世祖、圣祖、皇考者，无论刻本写本，悉行查出，密封送部，请旨销毁，不得私藏片纸"[1]。而且明确警告各地官员，如果查办不力，有疏忽遗漏，将在明后年拿地方官是问，"不稍宽贷"！

究竟是什么原因，让乾隆皇帝对佛门的事那么看重，对僧人攀

---

[1]《清高宗实录》卷五雍正十三年十月十六日，"又谕：昔我世祖章皇帝，万几余暇，留心内典。比时玉琳琇国师、木陈忞禅师，并蒙宣召，讲论佛法。此不过偶尔方外之交，无可纪载者。前年，我皇考检阅玉琳琇、木陈忞语录，见木陈所著《北游集》六卷，其中乖谬荒诞之处，不可殚述。又玉琳琇之弟子骨岩，作《侍香纪略》一册，以纪恩遇。诞幻支离，竟同梦中呓语。我皇考已降旨中外，将此书悉行查毁。今朕又查出《帝王明道录》一书，系木陈门人纪载者，其荒唐之处，与《侍香纪略》等。盖当日玉琳、木陈，虽并承世祖章皇帝眷注，而二人之优劣，迥乎不同。至于两人之门徒甚众，而天下狂悖无知、行止不端之人，往往藏其中。遂因偶尔之恩遇，矜肆夸张，并造作全无影响之谈，欺世惑众，此亦人心风俗之有关系者。昔我皇考，已降查毁之谕旨，朕恐外间奉行不力，可密寄信与各省督抚，凡丛林寺庙中，除敕赐、御书扁额对联碑文外，若有世祖、圣祖、皇考批谕字迹，及伊等抄录藁本，与僧人所刻语录，如《北游集》、《侍香纪略》、《帝王明道录》等书，干涉时事，捏造言词，夸耀恩遇，有一字关系世祖、圣祖、皇考者，无论刻本写本，悉行查出，密封送部，请旨销毁，不得私藏片纸。此事奉行，不在各处寺庙，贴写告示，以图了事已也，必差员密访，细细搜察，又不可借端生事。若有疏忽遗漏等弊，将来发觉，朕必于乾隆元年二年之该省督抚是问，不稍宽贷。"8190—8191页。

附皇权那么警惕,以至于登基后,在不满两个月的时间里,接二连三发布这么多上谕处理佛教事务?

一、宗教与政治:陈垣有关明清佛教史的两部著作

让我们先放下这件事情,往上追溯明清之际的佛教动向。

通常的佛教史著作多少有些势利,往往看重中古佛教,而轻视近世尤其是清代佛教。如果不信,你去看各种哲学史、思想史著作,在隋唐部分,佛教史占的比重不小,但在明清时代,佛教似乎就退出了哲学史和思想史的中心舞台。特别是,自从所谓明季"四大高僧"(云栖袾宏、紫柏真可、憨山德清、藕益智旭)圆寂之后,佛教史研究者都觉得,中国已经进入宗风衰落的时代,因此研究者不多,研究著作也不多。一般都认为,除了遗民在鼎革时代的逃禅之风以外,佛教并没有出现什么特别的名著或高僧,因此佛教史也往往一笔带过。我们不妨听一听两个大学者的判断:梁启超说,明末佛教中兴之后,"入清转衰,清诸帝虽皆佞佛,然实政治作用,于宗教无与,于学术益无与也"[1]。胡适说,"憨山(德清)莲池

---

[1] 梁启超《中国佛法兴衰沿革说略》,载梁启超《佛学研究十八篇》(北京:中华书局重印本,1989),14页;又参看《清代学术概论》第三十节:"前清佛学极衰微,高僧已不多;即有,亦与思想界无关系。"见朱维铮校注《梁启超论清学史二种》(上海:复旦大学出版社,1985),81页。

（袾宏）的中兴事业也只是空费了一番手足，终不能挽回已成的败局。佛教在中国只剩得一只饭碗，若干饭桶，中古宗教是过去的了"[1]。这给人一个印象，即整个清代佛教史的意义不大，直到晚清佛学复兴，居士佛学崛起，佛教史似乎才现出一丝亮色。

我想特别讨论一下，宗教衰落时代，在宗教史上是不是就没有价值？我过去写思想史的时候，曾经特别讲到"无画处皆是画"，就是在讨论空白时代的意义和价值。可是很长时间来，受发展史观的影响，人们总是浓墨重彩地对光荣盛世大书特书，一旦思想或宗教走入低潮，便匆匆略过。从来也没有想过这种"空白""衰落""稀薄"的时代，也许恰恰影响了后面很长的历史，奠定了后世思想与宗教的基调。如果思想史不是为了作"光荣榜"或者"点鬼簿"，而是为了反思，为了捋清历史，为了诊断传统的病源，对于那些思想或宗教"突然衰落"、大师"突然不来"的时代，难道不是更需要浓墨重彩地书写吗？就像万众伸手只有一个人肃立不动的纳粹时代，难道不是思想史更应当探究的时段吗？可是这一点总是被忽略，因为这一原因，在中国宗教史研究领域，人们更关心中古佛道崛起、兴盛和发展的时代，而对于被认为缺乏"原创"、没有"大师"、不算"黄金时代"的宋元以下尤其是清代，就不是那

---

[1] 胡适《庐山游记》，《胡适文存三集》卷二，收入《胡适文集》（北京：北京大学出版社，1998）第四册，136页。

么关注。可是，我们可以追问一下，为什么思想史或宗教史，就只能属于"经典""大师"或"黄金时代"？至少20世纪的学术史中，讨论清代佛教史的杰出著作很少很少[1]。罕见的例外，是1940年前后陈垣先生的两部著作，这就是大家熟悉的《明季滇黔佛教考》和《清初僧诤记》。

下面，让我来简单介绍一下这两本书的内容。

《明季滇黔佛教考》是陈垣在1940年于沦陷中的北平写成的，很多人都看出，这部书多少有些以流亡滇黔的南明，来暗喻沦陷时期北平的微言大义。这部书主要内容是说，明代后期云南、贵州的佛教还是很兴盛的，只是因为资料太分散，记录缺失太多，就连《补续高僧传》号称"踏破铁鞋，残碑断碣，搜采殆遍"，也只记录了四个僧人（无照、古庭、镜中、广能），加上附录的两个僧人（净伦、何清）。所以，陈垣先生从各种资料中，包括《嘉兴藏》、地方志、石刻资料、杂史、文集、笔记等勾稽排列，说明由于元代云南又重归中央王朝版图，佛教和内地发生联系，因而有了很大发展。

---

[1] 比如郭朋《明清佛教》（福州：福建人民出版社，1982）关于这方面的论述就很简略。近来，情况略有变化，关于清代佛教与政治的关系，可以参考周齐《清代佛教与政治文化》（北京：人民出版社，2015）；关于雍正与佛教的关系，有一篇文献相当全面、论述也相当细致的论文，即杨奇霖《雍正帝与佛教关系论纲——兼论清代佛教史研究的方法与材料》，载吴疆、王启元编《佛法与方法：明清佛教及周边》（上海：复旦大学出版社，2021），57—88页。这篇文章一开头就指出，清代佛教"被遮蔽"了，需要"再发现"。我很同意这个看法。

他叙述了从元（雄辩、玄坚），到明（法天无极、古庭善坚、大巍净伦），一直到明代后期的云南、贵州佛教系谱。特别指出，万历年间，几大高僧（云栖、紫柏、密云、湛然）"各阐宗风，呈佛教复兴之象。流风所被，远及滇黔"，因此滇南高僧辈出（卷一《明季滇南高僧辈出第二》，分别叙述朗目本智等八人），黔南传灯鼎盛（卷一《明季黔南传灯鼎盛第三》记述破山派、浮石派、木陈派、汉月派等）。而这些高僧十之七八来自四川（卷一《滇黔僧多蜀籍第四》）。不过，明季滇黔佛教虽然兴盛，就像黄宗羲说的"脱得朝中朋党累，法门依旧有戈矛"。陈垣也叙述了明代末年佛教内部的纷争。他说，嘉靖、隆庆以前，因为佛教衰落，所以没有纷争的条件，但到了万历以后，佛门兴盛，于是就有关于"宗旨"（思想学说）、"门户"（传承派别）、"利益"（墓地田租）的各种争论。这就是俗话所谓"能共患难而不能共富贵"，不仅在世俗如此，在方外也是如此。滇黔佛教虽然思想学说的争论很少，但是也有门户宗派之争（卷二《法门之纷争第五》）。

随后，陈垣先生介绍了佛教徒们开拓西南的作用，以彰显"宗教与文化之关系"，其中讲到滇黔佛教徒的寺院生活（卷二《静室之繁殖及僧徒生活第六》）、佛教著述（卷二《藏经之遍布及僧徒撰述第七》）、各种学问（卷三《僧徒之外学第八》）、世俗社会知识人与佛教的关系（卷三《读书僧寺之风习第九》《士大夫之禅悦及出家第十》）、佛教的商业经营（卷四《僧徒拓殖本领第

第四讲 政治史与宗教史之间

十一》），以及当地流传佛教禅师的传说（卷四《僧传开山神话第十二》《深山之禅迹与僧栖第十三》），等于是从社会史、经济史、文化史和文学史各个方面对明季滇黔佛教历史做了描述，比我们现在的佛教史著作的内容还宽广。接下来的第五卷，便转入最重要的部分，也就是明清易代之后佛教与遗民的关系。这就是陈垣在目录后面所说的，要说明滇黔佛教的动向与"中原丧乱之影响"。这是因为"明季中原沦陷，滇黔犹保冠带之俗，避地者乐于去邠居岐，故佛教益形热闹"。

1644年清兵入关，明朝覆亡，南明小朝廷一路退却，从贵州到云南。想到历史，身处同样沦陷中北平的陈垣对明季遗民的状况，有感同身受的同情，很多学者都说，他对滇黔佛教与明代遗民的叙述，仿佛怀抱民族主义感情，带着"遗民意识"，用浓墨重彩来讲述这种国破家亡的离散和隐遁[1]。在书中，陈垣不仅叙述了明代遗民在滇黔"逃禅"的情况[2]，而且专门从史料中发掘了滇黔遗民和

---

[1] 1982年前后，我还在北京大学读书，曾经多次去能仁胡同、砖塔胡同附近刘乃和先生家中，听她讲陈垣先生这种家国情怀，至今印象犹深。
[2] 如钱邦芑（字开少，丹徒人，大错）在明亡后入佛门，永明之后住云南鸡足山，他的《乐府十首·维州冤》有"无忧城，祖宗地，尺寸土，安可弃"等语，借宋代历史表达对"偏安"与"和议"误国的愤慨；又如陈起相（字梅庵，无尽）诗句中有"眼底须眉今略尽，更将忠义向谁筹"，陈垣说，他的《传衣寺看杜鹃花有感》更是"词楚声凄，零泪欲滴，孤臣之心事可知"；又，吴鼎（镇江人，大拙）诗句"国运如丝系暴秦，须眉那得有完人"，"姓名不敢污青史，一字犹存是伪僧"；吴中蕃（贵阳人）《散帚集》有《羡僧》"毗卢帽子锦袈裟，高坐公堂颂《法华》。世上威仪都改尽，看来不改是僧家"。

禅僧的交往[1]。他感慨说，史籍往往忽略这种宗教与政治的关联，比如他们为什么法号叫"大错"（钱邦芑），为什么叫"无尽"（陈起相），为什么叫"还源"（曾高捷），历史著作只记载这些人是僧人，其实他们更是遗民。他引用黄宗羲、邵廷采和魏叔子的话说，明清之际天地翻覆，"士之志节者，多逃之释氏"，"僧之中多遗民，自明季始也"，"世之志士，率释氏牵诱去"，因此他要在滇黔佛教史中发掘这种遗民精神，即他所谓"发微阐幽，是在吾党"（卷五《遗民之逃禅第十四》）。因此，陈垣在全书的结尾，发了一通关于历史的感慨，说南明弘光小朝廷之"所以覆亡之者，皆出于个人权位之私，非真有爱国忠君之意，卒至同归于尽，以是知明之亡，亡于内讧耳，非清人之力足以亡明也"。

这当然和陈垣个人对现实的感受相关，也和他对宗教史与政治史的关注相关。在这本书中，陈垣基本没有谈到滇黔佛教有什么思想学说，甚至也没有太多涉及有关教派史的争论，更没有去讨论同样影响云南地区的藏传佛教，主要是在汉传佛教以及所谓的"外史"，也就是涉及宗教的社会、经济、文化尤其是政治上用力。但值得注意的是，陈寅恪先生的序却非常肯定这一著作，甚至认为这是中国第一部真正意义上的宗教史，说："中国乙部之中，几无完善之宗教史。然其有之，实自近岁新会陈援庵先生之

---

[1] 见卷五《遗民之禅侣第十五》。

著述始。"[1]

为什么？这一点值得我们深思，下面我们还会再讨论这个问题。

再说《清初僧诤记》。在《明季滇黔佛教考》写成之后第二年即1941年，陈垣在沦陷的北平写了这本书。按照陈垣的说法，这本书就是沿着上一本书涉及的"法门纷争"，继续讨论清代初期"天童、三峰纷拿之余波，青原、南岳斗诤之往史"（小引），用白话说，就是讨论禅门内部的宗派斗争和思想分歧。

先说什么是"青原、南岳斗诤之往史"。这要从顺治十一、十二年（1654、1655）费隐通容（径山）撰《五灯严统》说起。他根据宋人《林间录》与《佛祖通载》，相信有唐人丘玄素所撰写的《天王道悟禅师碑》，把禅宗南宗传说中继承青原行思、石头希迁的天皇（道悟），和继承南岳怀让、马祖道一的天王（道悟）分成两个系统。按传统灯录的说法，青原、石头门下的天皇道悟（748—807），是后来开出云门、法眼两宗的龙潭崇信、德山宣鉴、雪峰义存等人的老师，但是如果相信丘玄素《天王道悟禅师碑》的说法，另外有一个天王道悟（727—808），而龙潭崇信的师承，不是天皇寺的道悟，而是天王寺的道悟。这样一来，晚唐五代的云门宗，就从青原系变成了南岳系。

这是禅宗史上一个纠缠不休的话题。过去，禅宗史上有所谓

---

[1] 陈寅恪《陈垣明季滇黔佛教考序》，《金明馆丛稿二编》，272页。

"一花开五叶"的说法，就是说六祖惠能以后，青原行思、石头希迁这一支后面衍生出曹洞宗、云门宗、法眼宗三家，而南岳怀让、马祖道一这一支后面衍生出临济宗和沩仰宗两家。到了宋代，禅宗最兴盛的就是临济和曹洞两家，比如北宋、南宋之间影响最大的两个人物宏智正觉（1091—1157）和大慧宗杲（1089—1163），就分别属于来自石头系的曹洞宗和马祖系的临济宗，他们分别提倡"默照"与"看话"。就连传入日本的禅宗，也是这两派最兴盛，像京都的花园大学是临济宗大学，东京的驹泽大学是曹洞宗大学。

为什么历史系谱的改写和修正，对禅宗来说如此重要？因为佛教尤其是禅宗就像社会讲阶级成分一样，特别重视"出身"和"血脉"。这涉及谁是正统的问题。而谁是正统，又是中国历史上的大问题。自己祖上是不是正宗，是不是豪门，涉及子孙是不是正宗和光明。在禅宗这里，如果云门不是来自青原和石头的门下，而是出自南岳、马祖的门下，和临济亲而与曹洞疏，禅宗史就要改写。更麻烦的是，这还涉及了明代后期几个最著名的高僧，也就是紫柏、憨山等，是不是出身不明（"未详法系"）。因此，这个话题引起了激烈争论，争论从顺治一直延续到康熙。康熙三十二年（1693）成书的霁仑超永《五灯全书》，因为前面有御制序文，"盖半官书也"，但仍延续费隐通容《五灯严统》的说法（《清初僧诤记》卷一），因此麻烦就大了。

祖宗的事情，虽然归历史，但总是要牵涉现实，延及子孙。让我多说几句禅宗史的事。前面说，禅宗史上最引人瞩目的事情，就是谱系的正统之争，从唐代神秀、惠能的六祖之争，到普寂、神会的七祖之争，到石头、马祖两系的分立，再到五家分派，再到宋代默照、看话禅的对峙，争夺正统名分，就成了宗教尤其是禅宗的传统。佛门内争正统的这种弊病，其实和佛门外的世俗社会传统一样，都要攀附名人，构建光荣系谱，遮掩不光彩的历史。传统中国历史学中，这种"写法"影响极深。所以，胡适就看出禅宗史上最有特色的，就是追溯系谱的"攀龙附凤"[1]，法国学者佛尔（Bernard Faure）关于禅宗史的书名，就叫《正统性的意欲》[2]。在明清之际，禅门为了争正统，夸张出身，引起各色人等的关注，佛教僧人与世俗士人都卷了进去，前前后后卷入争论的，不仅有僧人像著名的石濂大汕，还有黄宗羲、钱谦益、潘耒等有名的文人学者。

那么，什么又是"天童、三峰纷拿之余波"？指的是同属于临济宗的天童寺（在浙江宁波）密云圆悟一派和三峰清凉院（在江苏常熟虞山）汉月法藏一派，围绕着禅宗思想的辩论。密云和汉月都是明末时人，明清易代之前就已经去世，原本甚至有传承关系，

---

[1] 参看葛兆光《仍在胡适的延长线上——有关中国学界中古禅史研究之反思》，原载香港岭南大学《岭南学报》复刊第七期（上海：上海古籍出版社，2017），3—32页；收入葛兆光《再增订本中国禅思想史》（北京：北京大学出版社，2022）。
[2] 伯兰特·佛尔《正统性的意欲：北宗禅之批判系谱》（蒋海怒译，上海：上海古籍出版社，2010）。

但在辩论中互相撕裂。汉月法藏对当时的临济一系禅门风气颇有批评，觉得他们要么奉"文字禅"，要么奉"棒喝禅"，觉得"无言则颠顶乱统，有言则摘句寻章"，呼吁禅门回归临济老传统，可是密云圆悟则非常反感汉月和他的弟子们，说他们是"披他师子皮，却作野干鸣"，甚至互相叱骂对方是"野狐精"，"遗臭万年"[1]。直到清初，弟子以及弟子的弟子之间的辩论还在延续。由于明清之际统治者新旧交替，满族统治者急需内地宗教力量的归附，而宗教内部的纷争又急需新皇帝的支持[2]，因此，政治立场与宗教观念复杂纠缠。一方面，"近年以来，士之志节者多逃之释氏"[3]，很多遗民成为佛教徒，就像归庄（1613—1673）说的那样，"天下奇伟磊落之才，节义感慨

---

[1] 关于密云圆悟和汉月法藏在禅风上的差异，可以参看释见一《汉月法藏之禅法研究》，载《中华佛学学报》第11期（台北：中华佛学研究所，1998），181—225页；释圣空《试析雍正在〈拣魔辨异录〉中对汉月法藏的批判》，载《中华佛学研究》第五期（台北：中华佛学研究所，2001），411—439页。按照一般的分析，汉月法藏的核心主张是：（1）三玄三要是临济宗旨；（2）立"威音王圆相"为万佛之祖；（3）认为禅宗五家源流始于威音佛。但这种宗旨，其实只是理论武器，我赞成释圣空的说法，即"禅门中对于禅学的论辩，有时往往与参与诤论者的宗派隶属、政治态度等交织在一起，而成为派系之争"。

[2] 赵园在《明清之际士大夫研究》（北京：北京大学出版社，1999）第六章中说，明清易代，"僧家分剖俗间之'义'与非义，士夫则论说佛是非，士人与僧人共一语境，以至共一言论立场"，"僧人为其'净'而借重世俗权力（直至帝力），不如说证明了浮屠的'现实感'；僧人与士人的政治结盟，则虽属'方外'对世俗力量的利用，也因居士对佛家事的过分热心，动辄以护法自任"。307页。

[3] 黄宗羲《七怪》，《南雷集》（《四部丛刊》本）卷十。邵廷采《思复堂文集》（杭州：浙江古籍出版社，1987）卷三《明遗民所知传》也说"僧之中多遗民，自明季始也"。212页。

之士，往往托于空门"[1]，成了新朝的潜在反对者，禅门内外不乏像吕留良、方以智、屈大均（逃禅者）以及黄宗羲、钱谦益、潘耒、陈维崧（对禅宗有兴趣，曾参与宗门之争）这样有影响的人。但另一方面，很多佛教徒不免借了政治力量给自己加持，打压对手，以争取最大的利益。其中，陈垣特别注意的是临济派僧人木陈忞。木陈忞曾经是清朝顺治皇帝很崇信的临济禅师，借助皇帝的加持，为自己一脉争夺正统。陈垣说，他就像降清的钱谦益，"木陈正拟为僧人之钱谦益，借新势力以排旧势力"，又说"木陈始与继起竞遗老势力，不胜；继以新朝势力竞继起之遗老势力，亦不胜，乃愤而出此"（以上卷二）。甚至"以其新君父之嗜好告越人也。新君父既嗜好雪峤，则《禅灯世谱》不得不仰体新君父之意，增入雪峤"。《禅灯世谱》是木陈所作的一本讲当时禅门宗谱的书，木陈忞的《北游集》卷三曾说道，顺治皇帝读此书，问及为什么不载雪峤，所以，后来木陈就"体仰上意"，把雪峤增补进入正统的谱系中，以便得到皇权的认可（卷三，引用《北游集》卷六《越州云门寺兴修疏引》）[2]。

---

[1] 归庄《归庄集》（上海：上海古籍出版社，1984）卷三《送筇在禅师之余姚序》，240页。
[2] 这里简单排列这几位禅门人物的有关情况，以便读者。（1）密云圆悟（1566—1642），崇祯十一年（1638）撰《辟妄救略说》（那时汉月已经去世），斥汉月法藏与潭吉弘忍为"野狐精"。（2）汉月法藏（1573—1635），崇祯元年（1628）著有《五宗原》，黄宗羲为其撰碑。他的弟子潭吉弘忍（1599—1638），崇祯十年（1637）撰《五宗救》。（3）费隐通容（1593—1661），撰《五灯严统》。（4）木陈道忞（1596—1674），顺治十六年应诏进京，深受皇帝的崇信。（5）玉琳通琇（1614—1675），顺治十六年应诏进京，被封为国师。

我的判断是，在清初的顺治、康熙时代，尽管清朝统治者对宗教势力很警惕，对佛门与遗民的联系很紧张，但也许因他们根基未稳，对汉传佛教还算是网开一面的。不过，就像康熙说的"一切僧道，原不可过于优崇，若一时优崇，日后渐加纵肆，或别致妄为"[1]，对宗教也并没有完全放下戒心。但历经三代人，八十余年后，情况已经大不同。八十年的时间在史书中可能只是一页两页，翻过去就翻过去了，但如果身处历史之中，就会知道八十年够漫长，足以淡化甚至泯灭那种前朝记忆和遗民情感。到了雍乾时代，军事征服已经基本完成，认同问题大体落定，更需要在帝国内部加强政治制度完善和意识形态控制，皇权就开始毫无顾忌地对佛门进行整顿。

于是，对前面提到的禅门争论，本来无论是费隐通容《五宗严统》，还是霁仑超永《五灯全书》，以及汉月法藏《五宗原》、潭吉弘忍《五宗救》、密云圆悟《辟妄救略说》，只是禅宗内部争正统的杯水风波，也是临济僧人有关禅宗思想的内部争论，然而作为皇帝的雍正却直接介入，亲自撰写《拣魔辨异录》，编辑《御选语录》，不仅在辩论中支持密云圆悟、玉琳通琇一派，而且自己当了宗教内部辩论的终极裁判，拉一派打一派，把另一派说成是邪魔外道、宗门罪人[2]；不仅以皇帝的权力命令销毁汉月法藏、潭吉弘忍

---

[1]《清圣祖实录》卷一一一"康熙二十二年七月乙未"。
[2] 吴振棫《养吉斋余录》（北京：中华书局，2005）卷四，引雍正五年十二月朱批李卫奏折。389页。

的书，而且下令地方官府查明，凡是汉月法藏派的徒众，一律革出临济宗。

这开创了皇帝直接介入宗教内部论争的先例。

二、亲自下场论辩的雍正皇帝

皇帝亲自下场，不是作为裁判，而是作为球员，直接介入宗教争论甚至思想学说的争论，在古代中国思想史上是一个传统，而且是一个愈演愈烈的传统，但这个传统，还是到了雍正，才登峰造极。

皇帝本来只是世俗政治领袖，可是在中国，他还要作为宗教信仰的教主，同时还要成为知识界的权威。无论在欧洲还是日本，这一点都是很罕见的。以前，史华兹和林毓生就说，中国的皇权是"绝对王权"（Universal Kingship），是三合一的，而欧洲的王权与神权是对峙的，日本更是公家、武家、寺家三足鼎立。由于中国的皇帝渐渐越来越介入甚至直接掌管政治意识形态，因而把思想学说、政治制度和军事控制的权力合为一体。从统一的秦汉大帝国开始，秦皇、汉武就施行"行同伦"，要求"罢黜百家"，到汉宣帝要"霸王道杂之"。之后，像梁武帝亲自与人辩论佛教"神灭神不灭"的道理，唐代皇帝亲自注释《金刚经》《道德经》和《孝经》，宋孝宗亲自写《三教论》给儒道佛划清各自的边界与功能，到明太祖编制天下僧尼道士名录，使其成为官方控制下的另类"编户齐民"，凡不在朝廷名册上的要被治罪[1]。在古代中国，这种皇权与宗教的博弈并不对等。不像通常有赢有输的辩论，皇帝下场，面对宗教，他永远是赢家，永远"理直气壮"，在文献记录中，也永远是"掌得胜鼓"，而绝不会像欧洲中世纪的国王亨利四世（1050—1106）那样，光着脚去教皇门口踏雪忏悔。因此，在明清两代，皇权对宗教和思想的干预渐渐达到顶峰，从历史上可以看到，这个趋势越来越明显。

先举个明代的例子。明代嘉靖皇帝就曾亲自撰文对孔子以及祭祀，评头品足。嘉靖十年，内阁大学士张璁秉承皇帝的旨意，提议：（1）孔子不称王，（2）孔庙不立塑像而用木主，同时减少祭器，（3）更改从祀的名单，（4）大成殿改叫孔子庙[2]。这很明显是加强皇帝的政治权威，压抑士大夫的文化权威，换句话说就是以政统压倒道统。而嘉靖皇帝则亲自写了两篇文章，一篇叫《正孔子祀典说》，一篇叫《正孔子祀典申记》。其中，最重要的一句话是"夫礼乐制度自天子出，此淳古之道也，故孔子作此言以告万世"。皇

---

[1] 余继登《典故纪闻》（北京：中华书局，1981）卷五："国初……命僧录司造周知文册，自在京及在外府州县寺院僧名，以次编之，其年甲、姓名字行、及始为僧年月与所受度牒字号，俱载于僧名之下。既成，颁示天下僧寺，凡游方行脚至者，以册验之，其不同者，许获送有司，械至京，治重罪。容隐者罪如之。"88页。

[2] 《明世宗实录》卷一〇九。参《明史》卷五十《礼志四》。

第四讲 政治史与宗教史之间

帝亲自写文章加入论战，这是罕见的事情，这么强烈地表达皇帝高于一切的旨意，也是很少有的。所以，明朝人沈德符就察觉到这一点，他说这是"上素不乐师道与君并尊"[1]。

强化皇权，以君道压师道，以政统兼道统，这本是传统中国历史的大趋势。而以满族身份入主华夏的清朝皇帝，更需要实现这个理想，就是把"政统"与"道统"合一，取得政治合法性，这就是康熙所谓"道统在是，治统亦在是"[2]。但应该说，历史上恐怕没有哪一个皇帝，能像雍正皇帝那样，不仅亲自下场辩论，还要编一连串的书，从《大义觉迷录》《名教罪人》到《拣魔辨异录》，正如梁启超所说，"以一位帝王而亲著几十万字书和一位僧侣一位儒生打笔墨官司，在中外历史上真算绝无仅有"[3]。他一方面要在世俗政治领域与有可能夺权的人角力，就像宫崎市定说的，他要制服兄弟阿哥们，要诛杀官场上的大人物，要亲自操控各种国家事务，他的"独裁政治虽然形成于异民族的帝王之手，但达到了过去的汉人

---

[1] 《万历野获编》（北京：中华书局，1959）卷十四《祀典》。参看左东岭《王学与中晚明士人心态》（北京：人民文学出版社，2000）第三章，294—295页。

[2] 对于康熙皇帝以政统兼道统的思想，已经有一些学者展开研究，可参看《清圣祖实录》卷一六三（康熙三十三年闰五月癸酉），康熙皇帝给翰林院出的试题"理学真伪论"，并对理学家如熊赐履等人的讽刺也毫不客气，可知他始终有以政统兼道统的想法。4649页。

[3] 梁启超《清代学术变迁与政治的影响（中）》，收入《中国近三百年学术史》（朱维铮校注《梁启超论清史二种》，上海：复旦大学出版社，1985），113页。

帝王也无法企及的高度"[1]；另一方面也要在政治意识形态上，不仅强化理学，控制主流思想学说，而且要和各种宗教信仰角力，深入宗教事务，亲自批判各种宗教的弊病，压服他们，让他们听从皇权的指挥。

如果简单说，就是可以在清初历史中很清晰地看到一条主线，即皇帝不断扩张权力，把"家"扩张为"国"，把"君"变为"父"，甚至把女真旧俗引入华夏帝国，把"臣民"变成"奴才"。当然，由于清朝是满人作为最高统治者，以满汉蒙三族为基础，笼罩满蒙回藏汉苗的大帝国，皇帝不仅是满人的首领，也是汉人的皇帝，还是蒙古人的大汗，要控制这样一个族群众多、地域广大的大帝国，他不得不采取两种严厉手段。一方面用不同策略与制度对付不同族群，一方面强化皇帝独裁制度。康熙、雍正、乾隆三代皇帝，常常把"满汉一家"挂在嘴边，把"天下熙和"和"满汉蒙共主"作为口号，就是在强化满族皇帝的政治合法性或者神圣性。特别是雍正，他是把君臣关系不仅视为父子，而且延伸到主奴的皇帝。雍正四年十一月，他对内阁大臣们说，"满洲风俗，尊卑上下，秩然整肃，最严主仆之分"，但是汉人却不同，汉人之奴仆"傲慢

---

[1] 宫崎市定《雍正帝：中国的独裁君主》（孙晓莹译，社会科学文献出版社，2016），147页。周齐《清代佛教与政治文化》（北京：人民出版社，2015）第五章也指出，康熙、雍正"在思想文化领域进行的革命，让武力征服汉地的清朝统治者，在思想文化领域也占领了制高点。从物质江山到精神疆域，都要征服"。133页。

顽梗,不遵约束",所以他批评满洲大臣们"渐染汉人之俗",结果是"宽纵其下,渐就陵替",所以要加以整饬,"主仆之分一定,则终身不能更易"[1]。他不仅用这种满洲旧俗驾驭臣下,也用这种严厉的手段统治帝国。有人说,这是成功地用"大一统",解决了族群、帝国、阶层的"认同"[2]。是不是成功,还很难说,如果真的成功,就不会有朝鲜燕行使者观察到的满汉对立潜流,以及后来晚清推翻清朝的"驱逐鞑虏"激烈口号。可是,还有一方面,过去思想史上讲得不多,这就是他还很自觉地试图在文化上占据所有制高点,让各种宗教无条件匍匐在皇权之下。在这一点上,雍正皇帝大概就是最用力最严厉的一个。

回到陈垣先生的著作。

如果我们熟悉陈垣先生对明清佛教的研究,那么,也许会记得在写他这两本书两年之前的1938年夏天,先写了《汤若望与木陈忞》一文。在这篇文章里,他说在清宫档案里发现了没有收入《东华录》的雍正谕旨,也就是批判木陈忞的那些上谕[3]。他为木陈忞

---

[1] 《清世宗实录》卷五十雍正四年十一月癸丑,6611页。
[2] 杨念群《"天命"如何转移》(上海:上海人民出版社,2022)中说,清代跳脱了"先秦和宋明时期""'夷夏'对立的论说框架",以及理学士人集中进行"夷夏之辨"想象的"中国"观,"夷夏之间所造成的心理困境最终还是因清朝皇帝的介入才得以化解",这似乎把皇权的作用看得太重要了。7页。
[3] 参见《清代档案史料选编》(上海:上海书店出版社,2010)第二册《关于佛学之谕旨》(原载《文献丛编》第3、4辑)。338—346页。

做了些辩解，认为雍正皇帝对木陈忞一派如此严厉的讨伐斥责并没有什么道理。无论是木陈忞自吹自擂以求皇帝欢心，还是结交清宫内侍，又或是曾经干预皇帝发脾气（所谓"龙性难撄"），使他冷静理性，都不能算是吹牛或者瞎编。唯有一条，就是"木陈词锋，富排斥力，每有谭论，不问老辈同辈平辈，皆有微词"。按照陈垣的分析，其实，木陈忞罪不及此，那么，我们要问，为什么雍正皇帝要严厉打击他？为什么乾隆之初，要这样处置佛教？只能是因为木陈忞太有煽动性和影响力，而这个煽动性和影响力，一半是来自木陈忞词锋"富排斥力"的本事，一半是借助了皇帝的信任和支持。

因此，雍正皇帝不仅要以皇权压抑佛教，而且要深入佛门把佛理是非的裁决权也掌控在手上。如果读他为《御选历代禅师语录》写的序以及《拣魔辨异录》卷首上谕，就会知道他的自我定位，不仅是"天下主"，而且是"深悉禅宗之旨，洞知魔外之情"的"法王"[1]。他采取了三个策略。首先，是居高临下占据佛教真理的制高点。过去佛教及禅宗论述的是非曲直，被他重新估量一过，一些禅僧被推崇，一些禅僧被贬抑，一手是通过《御选语录》表彰，一手是通过《拣魔辨异录》批判。在他的裁决下，就连禅宗历来推

---

[1] "上谕"，载《拣魔辨异录》卷首，《续藏经》65册，191页。郭朋说，"雍正皇帝，不但要考核大臣，而且要考核禅僧；不但要拥有对于朝廷的文武大臣的褒贬、予夺大权，而且还要拥有对于山野的禅僧们的钦定的'印可'权。雍正不但要做人主，而且要做'法王'"。《明清佛教》第三章第二节，315页。

崇的丹霞天然[1]、德山宣鉴[2]、大慧宗杲也不能幸免[3]。其次，是崇古贬今，痛斥当下的佛教与禅宗，对佛门弊端严厉批评，说"禅宗莫盛于今日，亦莫衰于今日"，甚至说佛门是"动辄拾取他人涕唾，陈烂葛藤，串合弥缝，偷作自己法语，灾梨祸枣，诓惑人家男女"[4]。最后，是釜底抽薪，利用禅门原来根深蒂固的派系观念，介入禅门内部纷争，裁决正统异端。他说，当时的禅宗"平生所有乱统，各各人编一则，错杂不堪"[5]，因此，他不仅大搞批判，而且借用皇权打一派压一派，针对具有影响力和凝聚力的宗派，宣称他们是"全迷本性，无知妄说"，甚至是"外道魔道"，对其进行毁灭性的打击[6]。其中，对受读书人欢迎的汉月法藏和影响较大的木陈忞两系，禁止与批判尤其严厉[7]。

---

[1] "狂参妄作""通身泥水，自不知也"。见雍正《御选历代禅师语录前集·御制序》，载《御选语录》，《续藏经》第68册，599页。

[2] "垂示机缘，却无一则可采。"见雍正《御选历代禅师语录前集·御制序》，载《御选语录》，《续藏经》第68册，599页。

[3] "一无可取""支离谬误"。见雍正《御选历代禅师语录前集·御制序》，载《御选语录》，《续藏经》第68册，599页。

[4] 雍正《御选历代禅师语录后集·御制后序》，载《御选语录》，《续藏经》第68册，696页。

[5] 雍正《御选历代禅师语录后集·御制后序》，载《御选语录》，《续藏经》第68册，696页。

[6] "上谕"，载《拣魔辨异录》卷首，《续藏经》65册，191页。

[7] "上谕"中称，"法藏、弘忍辈，惟以结交士大夫，依托势力为保护法席计，士大夫中喜负作家居士之名者，受其颠顶，互相标榜"，又称这些士大夫"不结制，不坐香，惟务吟诗作文"，而法藏、弘忍等，喜欢卖弄学问，"若要诠理论文，自有秀才们在，何用宗徒？"可见，他对汉月法藏和潭吉弘忍一派的看法，一是（转下页）

接着讲宗教史

乾隆四十五年（1780），朝鲜人朴趾源在《热河日记》里曾观察到清代皇权对意识形态的控制方式，他说——

> 清人入主中国，阴察学术宗主之所在，与夫当时趋向之众寡，于是从众而力主之。升享朱子于十哲之列，而号于天下曰："朱子之道，即吾帝室之家学也。"遂天下洽然悦服者有之，缘饰希世者有之……其所以劝遵朱子者非他也，骑天下士大夫之项扼其咽而抚其背，天下之士大夫率被其愚胁，区区自泥于仪文节目之中而莫之能觉也。[1]

其实，雍正对付佛教的手段，或者说传统中国历代皇权对付宗教的手段，大体也差不多就是这几招：依靠皇权强力控制，窃取道理据为己有，站在更似真理的立场上批评。而这几招也确实厉害，让皇帝得以"骑天下士大夫之项扼其咽而抚其背"，我们只要把朴趾源这句话中的"士大夫"再加上"佛教徒"，就同样可以用在雍正治理佛教的策略上。

（接上页）他们与世俗士大夫结交，这是皇权不乐见的；二是他们以特别的学问标榜，自成禅理，这也是皇权控制不了的。载《御选语录》，《续藏经》第 68 册，553 页。

[1] 比如朱熹阐发《春秋》大义中有"尊中国而攘夷狄"，但清代皇帝却抢先一步，申斥"宋高宗不识春秋之义，讨秦桧主和之罪"，这就是"审中国之大势而据之，钳天下之口"。朴趾源《热河日记》卷四《审势编》，218、220 页。参考今村与志雄日文译注本《热河日记》，东京：平凡社，1978、1995。

三、政治组合拳：清廷如何全面钳制宗教与思想

有一点需要说明，即雍正皇帝对佛教的打压，是否与明清易代后反抗清朝的遗民有关。陈垣似乎有这个看法[1]，但我以为，《御选语录》和《拣魔辨异录》编辑撰写的时代，是清王朝已经最终解决满族"统治"合法性和知识人政治"认同"问题的时代，经过顺治、康熙两朝近八十年，两三代人过去了，明清易代的历史记忆，已经渐渐淡去，有可能导致清朝统治倾覆的族群差异、宗教差异、

---

[1] 郭朋引用陈垣的看法，认为"雍正之所以不惜以帝王之威干预圆悟、法藏之争，且必欲将法藏一系尽铲除之而后快"，根本原因是政治上的，因为"法藏门下，多为明末遗民，这些'义不食周粟'的有志之士，怀着无限的'故国之思'，纷纷遁入'空门'，又纷纷走到法藏一系的门下。因此，法藏一系'门多忠义'，因而'亦易为不喜者生嗔'"。《明清佛教》第三章第二节，308—309页。所谓三峰派中，确实有有反清倾向的人士，如"师事三峰，为其高弟"的南岳退翁（字继起，1604—1672），他父亲嘉兆因为灭亡明朝的李自成姓李，愤而把自己的李姓改为"理"，"退翁虽出家，然感嘉兆之大节，时时思所以继之"。明清易代后，东南义士"退翁皆与相结纳，从之者如市"，曾经在顺治八年（1651）被牵连，"诸义士争救之。久而得脱，好事如故"。登堂说法时，他流泪感慨，说"今日山河大地，又是一度否"，被称为"浮屠中之逸民"。见《清稗类钞》（北京：中华书局，1986）第十册，4827—4829页。又，丁日昌（闇公）《明事杂咏》中说，"三峰汉月古禅堂，钟板飘零塔院荒。是道是魔吾不解，山门竟有蔡忠襄"。蔡忠襄指汉月的弟子蔡懋德，《明季北略》卷二十记载他在太原围城的时候，曾经对人说"吾学道多年，已勘了生死，近日正吾致命时也"（转引自赵园《明清之际士大夫研究》，北京：北京大学出版社，1999，第六章，305页）。但是，在近百年后的雍正时代，这恐怕已经不成为雍正清理禅宗三峰派的重要原因了。

制度变迁,在雍正时代似乎也都逐渐不是问题[1]。

但是,雍正似乎对各种思想、宗教和文化还是相当不放心,由于深刻的不安全感,他仍然要继续加大控制的力度。雍正每天都高度警惕,也就是他总是挂在嘴边的"朝乾夕惕"。在历代皇帝中,他是最辛苦的一个,辛苦的原因就是他想象的"敌人"太多,包括佛教在内。特别是,当佛教领袖不仅有自己的思想宗旨,溢出传统佛教禅宗的范围,又过度结交士大夫群体,产生太大影响的时候,他就更加不能放心。据说,三峰派从明末汉月法藏起,就有"深涉世法"即关心政治的传统,如《三峰和尚年谱》崇祯七年条记载,汉月法藏在崇祯年间,曾经感慨:"国事日非矣,诸方大法不明,宗旨湮淆,法运亦日下矣,古人有言:舍我其谁?"又与很多汉族文人士大夫联系甚为紧密,在江南一带影响太大,像公安三袁中的袁中郎、袁小修,著名文人董其昌,与魏忠贤对抗的名士文震孟、周顺昌,都与他有联系,江淮间从者号称七千人,不仅占据了号称五山领袖的灵隐寺(具德禅师),而且正如雍正说的,他们"惟以吟诗作文,媚悦士大夫"[2]。只是这时候,雍正打压的目的,已经

---

[1] 这一点,台湾学者陈肇璧已经指出,见陈肇璧《雍正皇帝与清代佛教》(台湾师范大学历史系硕士论文,1995)。

[2] 以上参看连瑞枝《钱谦益与明末清初的佛教》(新竹:清华大学历史系硕士论文,1992),102—103页;连瑞枝《汉月法藏(1573—1635)与晚明三峰宗派的建立》,载《中华佛学学报》(台北:中华佛学研究所,1996)第9期,167—208页。

第四讲　政治史与宗教史之间

与族群认同无关，而与政治不服从有关，并不一定是由于佛教中有反清复明的遗民问题，而是由于宗教与社会上的不安定层，对政权与文化政策的非议。

如果允许历史学者借用心理分析做一个推测，或许可以认为，这和雍正自己的心理状况，尤其是童年经验有关。有人指出，雍正在兄弟中出身相对低微，他母亲不是贵族出身，和其他后妃比起来地位不高，这使得他在忧郁和孤独中度过少年时代，并养成了狭隘、猜忌、凶狠的性格，对他人缺乏信任[1]。这些分析姑备一说。但我以为，更重要的是他面对的现实处境：一方面他对争夺大位的兄弟极为警惕，包括他痛骂的阿其那、塞思黑、苏努、鄂伦岱，他说这些人"固结甚深，如胶似漆，牢不可破"，害得他全部精神力量，对付"国家政务"还有余，对付这些兄弟却"心力俱困"[2]；另一方面他对康熙留下来的朝政遗产非常不满，觉得官僚们不仅腐败，政权还有危机，他曾说，自己在当皇帝之前四十余年，看到不少"结党怀奸，夤缘请托，欺罔蒙蔽，阳奉阴违，假公济私，面从背非"[3]，所以，他对于任何问题，都有十分的敏感、最大的警

---

[1] 黄培（Pei Huang）在 *Autocracy at Work: A Study of the Yung-cheng Period. 1723–1735*（Indiana University Press，1974）一书中，就有这一看法，见其第二部分第二章《雍正帝的性格》。

[2] 《世宗宪皇帝上谕内阁》卷二九雍正三年二月二十九日、卷五二雍正五年正月十五日，影印文渊阁《四库全书》414 册，205、526 页。

[3] 第一历史档案馆编《雍正朝起居注册》（北京：中华书局，1993）第一册，798 页。

图 1　"朝乾夕惕"印章

觉和极端的紧张。我想,这就是他为什么要刻九方"朝乾夕惕"印章(图 1)的心理原因,也是他对年羹尧把"朝乾夕惕"错写成"夕阳朝乾"那么光火的心理原因[1]。过去,日本的宫崎市定、美国的黄培、中国的冯尔康都写过雍正皇帝的研究著作和传记,可以参考[2]。

正是在这一背景下,雍正皇帝即位之后,便严厉出手,除了镇压民间宗教之外,对于各种有组织的正统宗教,接连采用了近乎组合拳的策略。让我把这些打击宗教的事件略加胪列[3],应该说,这是相当有效的控

---

[1] 《清世宗实录》卷三十雍正三年三月辛酉。

[2] 前引宫崎市定《雍正帝:中国的独裁君主》;黄培(Pei Huang)*Autocracy at Work: A Study of the Yung-cheng Period, 1723–1735*;冯尔康《雍正传》(北京:人民出版社,2004)。1960 年代,列文森(Joseph Levenson)的《儒家中国及其现代命运》(刘文楠译,香港:香港中文大学出版社,2023)第二卷第五章《儒家与君主制》就曾指出,"雍正的理想是一种专制政体,以皇帝为唯一核心,官员围绕在周围,而且官员与官员之间没有任何个人联系,不能有任何官员结成群体,大胆到表达文人的'舆论'"。295 页。其实,雍正对于宗教的要求也完全一样。

[3] (1)雍正元年十二月,浙闽总督满保上奏,因为西洋人在各地天主堂行教,蛊惑人心,因此把各地西洋传教士除了进京效力的之外,全部安排在澳门,把天主堂改为公所(《东华录》卷二十五,385 页)。稍后,信奉天主教的满洲贵族苏努一家被流放山西右卫。(2)雍正二年九月,山东巡抚陈世倌上书,建议对"不敬天地,不祀神祇,另立宗主"的回教加以限制,"概令出教,毁其礼拜寺",但雍正却(转下页)

制手段。其中，我以为最重要的是以下五个举措：[1]

（一）延续康熙时代把"政统"与"道统"合而为一的努力，通过张挂"名教罪人"匾额等手段，让知识人自己批判自己，解决思想学说与意识形态的掌控问题，把"名教"即道德制高点垄断在自己手里。又通过《大义觉迷录》对吕留良、

（接上页）反常地认为，由于回教是外来的，在中土不被崇尚，甚至被鄙薄，所以实际上危害不大，对陈的建议不很以为然（同上卷二十六，395页）。（3）雍正三年正月，上谕礼部，借僧人宏素处《金刚经》御制序文"文与字俱非朕笔"为由，说到他还未即位时偶遇柏林寺僧人谈论佛典，"并非以僧人为可信用也"，并对佛教"假称朕旨，招摇生事"痛加斥责，"此等伪朕声名大有关系"，要求各地严查惩处，把凡有"御笔"的文献全部收缴（同上卷二十七，406页）。（4）雍正四年三月，因为年羹尧案，把钱名世等人革职，下旨说他们"行止不端，立身卑污"，因此以"文词为国法"，写了"名教罪人"四个字，"令该地方官制造匾额，张挂所居之宅"，而且发动举人进士出身的官僚们"各为诗文，纪其劣迹"，也让他们自己编书来自我抨击，"使天下读书人知所儆厉"（同上卷二十七，419页）。（5）同年九月，查处查嗣庭，因为他作为主管江西科举的考官，出的题目"显露心怀怨望讥刺时事"，日记里面又有很多"悖乱荒唐，怨诽捏造"的话，对朝廷的各种政策加以攻击，所以要革职并严加惩处，"交三法司严审定拟"（同上卷二十八，434页）。（6）雍正七年四月，因为张熙鼓动岳钟琪谋反，被刑讯后供出其师曾静，因此引出吕留良案，雍正指出吕留良"悍戾凶顽，好乱乐祸，自附明代王府仪宾之孙，追思旧国，愤懑诋议"，本来享受本朝的好处，作为本朝的诸生十几年，却"忽号为明之遗民"，这是"悖乱之甚"，结果不仅雍正亲写《大义觉迷录》痛加批判，而且把吕留良、吕葆中"戮尸枭示"，吕毅中"斩决"，孙辈发配宁古塔，并且同时处理了吕氏的"羽翼"严鸿逵、沈在宽，以及同样犯了思想罪的谢继世、陆生楠等（同上卷三十，458—461、461—463、469页）。（7）雍正十一年，发布上谕对汉月法藏与潭吉弘忍等进行抨击，发布《拣魔辨异录》。

曾静的批评，解决非汉族群作为统治者的合法性与合理性问题，不仅掌握所谓"有德者"的天下统治权，而且论述了他自己的意识形态主张，给思想划定边界。

（二）延续康熙皇帝在康熙五十九年对天主教的传教禁令，由闽浙总督满保、两广总督孔毓珣、礼部尚书张伯行等上奏疏商议，雍正下令，于雍正二年（1724）进一步严厉禁止天主教的传播。把教堂改成公所，据说这一年有三百所教堂被改为学校、祠堂、庙宇或粮仓，甚至拆毁，命令所有天主教传教士只能在澳门布教，并把信仰天主教的满洲贵族苏努一家流放到右卫，葡萄牙传教士穆经远也因为与苏努家关系密切，最终死在狱中[1]。

（三）对蒙藏密教表示宽容，容忍汉地较为弱势的回教，同时扶持汉族中国最弱势的道教。雍正不仅大力支持正一派，以龙虎山正一真人为正三品，还把一个叫作娄近垣的龙

---

[1] 有关文献，可以参看中国第一历史档案馆编《清中前期西洋天主教在华活动档案史料》（北京：中华书局，2003）第一册，56—72页。雍正说，虽他即位以来，尊重"圣祖皇帝宪章旧典"，但天主教在地方"生事惑众"，所以，不得不公事公办，如要哀求可怜，可以宽限时日，"令地方大吏确议再定"。59页。陶飞亚认为，雍正禁止天主教，主要是一方面相信思想世界有儒家就足够了，另一方面是在政治上对天主教威胁清朝安全有所警觉。见陶飞亚《怀疑远人：清中前期的禁教缘由及影响》，《复旦学报》（哲学社会科学版）2009年第4期，43—52页。

虎山道士拉到宫廷之中，封四品提点[1]，并且强行把道教文献也列入禅宗内，赞扬道教的《悟真篇》"不特为道教真铨，即此外集亦释门中最上一乘宗旨"[2]。他一再强调三教合一，但也强调在皇权之下，三教各有分工[3]。

（四）对在汉地影响力巨大的禅宗，他一方面经由选编禅宗语录，追封禅宗历代高僧名号，显示他对佛教尤其是势力最大的禅宗有笼罩性掌控；一方面经由《御选语录》和《拣魔辨异录》对禅门进行严厉批判，并批评骨岩、木陈一类禅师"捏饰妄词，私相纪载，以无为有，恣意矜夸"[4]。他巧妙地利用了汉地佛教历来重视争夺正统性的软肋，以超越宗教各派的皇帝身份，把宗教信仰压抑在政治权力之下[5]。同时，

---

[1] 《清史稿》卷一一五《职官二》记载，雍正九年，"嘉法官娄近垣忠诚，授四品提点，寻封妙正真人"，3332页；参见细谷良夫《雍正朝的正一教——法官娄近垣を中心に》，载《东方学》（东京：东方学会，1986）第七十二辑，97—110页。又参见罗文华《清代高道娄近垣事迹考述》，载《贤者新宴：王尧先生八秩华诞藏学论文集》（北京：中国藏学出版社，2010），306—323页。
[2] 《清代档案史料选编》（上海：上海书店出版社，2010）第二册，344页。
[3] 雍正谕旨中说，佛道儒分别是"治心、治身、治世之道，""于圣贤之理同流共贯"，《清代档案史料选编》第二册，342页。
[4] 雍正《御选历代禅师语录后集·御制后序》，载《御选语录》，《续藏经》第68册，696页。
[5] 雍正在去世前不久的谕旨中说，"若不念毒药、醍醐本同一味，或图捷近得人，或溺爱门徒，或逢迎士大夫，信口说破，不将真参实悟期望后学，而乃牵引初参，放出无明，横生知解，群起狂华，轻慢大乘，不特自误误人，必堕地狱"（雍正十三年三月朔日谕旨），《清代档案史料选编》第二册，346页。

他又不认禅宗和尚为"本师",而以章嘉呼图克图为恩师,不仅满足清廷"驭藩"的意图,而且无形中贬抑了汉地佛教。

(五)由于大清帝国以满蒙汉为主,兼摄藏、苗诸族,这个时候更需要统收更多的宗教资源。一些学者指出,正好在雍正时代之初,藏传佛教四大活佛中的三位圆寂,继起的三位活佛,即七世达赖、三世章嘉、二世哲布尊丹巴年纪尚幼,当雍正把章嘉呼图克图当作恩师,自己也就自然而然成了藏传佛教的呼图克图,即孟森所谓"自成一人王兼作法王"[1],因此,雍正也顺手解决了蒙藏族群与地域的信仰控制问题。

雍正五年(1727),借佛诞庆典和西洋使者来朝的机会,雍正皇帝大发了一通有关"异端"的议论,这番议论很有意思。他说,向来僧、道两家极力诋毁西洋天主教,西洋天主教又极力诋毁佛、道两家,"互相讪谤,指为异端",可是,所有宗教都自认为正道,说别人为异端。其实,各个宗教都有异端,像天主教自称天主,"借天之名以蛊惑狂愚率从其教",这就是西洋的异端;佛教违背伦常,专讲寂灭,加上乱讲祸福,煽惑愚民,这也是佛教的异端;

---

[1] 孟森《清史讲义》第二编第三章《全盛》之第八节《雍乾之学术文化上——禅学》中有讨论,指出他"挟万乘之尊,自我作古",但他选禅宗语录,又杂出佛门之外的紫阳真人,又掺入净土宗的莲池大师,还因为拜章嘉呼图克图为恩师,所以"错入西藏密宗喇嘛教"。293、295页。

第四讲 政治史与宗教史之间

就连儒家也是一样,如果以诗书作为猎取功名的工具,用科举作为"广通声气"的途径,搞一些流言蜚语,艳词邪说,那么这就是儒家的异端。天主教被苏努之子乌尔陈这种"愚昧不法"的人信仰,就走到邪路上去了,而佛教用于蒙古就很有效,因为蒙古人对藏传佛教"惟言是从,故欲约束蒙古,则喇嘛之教亦不轻弃"。所以,不仅所有宗教学说,都必须以"忠君孝亲"为基本原则,纳入帝国所提倡的,也就是雍正《圣谕广训》规定的伦理之中,而且,所有宗教都必须被朝廷所用。他总结说,只有皇帝善于驾驭和控制,才能成就"圣帝贤王明通公溥之道,而成太和之宇宙"[1]。

应当说,清廷尤其是雍正强化皇权统治的手段相当成功,所以宫崎市定才说,"一个王朝的兴衰大致在第三代的时候确定,因此雍正帝正处于清朝最为关键的转折时期"[2]。在这些政治组合拳的打击中,整治佛教便成为其中重要一环。为什么?因为在清代前期,汉地佛教最兴盛的是禅宗,禅宗里最有力量的是临济宗,临济宗里又以天童寺一派为大,而天童寺中,木陈忞因为气焰嚣张,弟子众多,而且依仗与皇帝的亲密关系,总有些不那么顺从和低调。

---

[1] 见《世宗宪皇帝上谕内阁》,影印文渊阁《四库全书》第414册,596—597页。又,王之春《清朝柔远记》(北京:中华书局,2000)卷五引,64—66页。
[2] 宫崎市定《雍正帝:中国的独裁君主》(孙晓莹译,北京:社会科学文献出版社,2016),5页。他们认为"异民族统治中国"总有一个成败的关节,清代雍正时期就是这种"关键时期",这也是为什么日本京都大学的东洋史研究者,包括矢野仁一、宫崎市定等在内,花了几年时间来集体阅读雍正朝上谕档。

因此，就成了雍正枪打出头鸟的对象。

皇权对宗教以及思想的严厉管控，在古代中国是一个传统，这个传统到明代洪武、永乐两朝曾达到高峰，到清代前中期更是达到极致[1]。特别是在雍正时代，华夷满汉族群因素、帝国控制众多族群与广大疆域的需求，以及雍正个人心理性格，这三个原因叠加使这种压抑和管控达到了登峰造极。"普天之下莫非王土"，古代中国皇权笼罩太广太深，所以，思想世界既不像欧洲那样有教皇的庇佑，可以逃遁到另一个空间，也不像日本那样有寺家的保护，可以和天皇、将军掰手腕。在中国，无论是宗教徒还是士大夫，无论信仰佛教还是尊崇儒家，反正不仅"枪杆子"在皇帝手里，"真理"也掌握在皇帝手里，这就造成传统中国知识人与思想世界"自我压抑"的特点：一是没有可以逃避皇权的"公共空间"，就连宗教信仰世界也被皇权控制，这种控制又非常随心所欲，造成思想文化界的猜忌、恐惧和慌乱；二是一切思想言论都被高度政治化，包括宗教思想也不能幸免，只能自我压抑，或者彻底边缘化，不是成为"闲谈"，就是成为"方外"；三是所有公开领域的思想学说与宗教

---

[1] 可以简单对明清两代做一比较。比如，对读书人言论的管制，洪武十五年在明伦堂前置卧碑，"一切军民利病，农工商贾皆可言之，惟生员不许建言"。而清代初期，不仅把这一句改为"军民一切利病，不许生员上书陈言，如有一言建白，以违制论，黜革治罪"，更增加"生员不许纠党多人，立盟结社，把持官府，武断乡曲。所作文字，不可妄行刊刻，违者听提调官治罪"。参看《皇朝文献通考·学校考七》"直省乡党之学（顺治九年）"。

信仰,都必须自动向维护皇权的方向靠拢,而那些"不合时宜"的思想、信仰和学说,都只能成为"私人话语"[1]。

可是还有最后一个问题。为什么到了乾隆皇帝即位,他既要继续雍正的策略打压佛教,又要淡化雍正亲自下场批判佛教的文献?这是一个值得再深究的疑问。陈垣在《清初僧诤记》一书的最后(86页),引用乾隆八年的谕旨,这份谕旨对于理解清代前期特别是雍正时代的政教关系极为重要。乾隆批判佛教徒说,他们攀龙附凤,"不过俗情尘状,以帝王外护为荣,如此污浊心行,可惜皇考当年一番眉毛拖地。夫必以帝王宰官之隆重,为佛法之兴,是何佛法耶"。但同时,乾隆也不想让雍正皇帝的权威落地,使得皇帝等同于辩论选手,甚至无意中暴露皇室弊端丑闻。乾隆特别指出,木陈忞《北游集》六卷中的记载很荒唐,像宣传皇帝对他特别眷顾,听从他的说教不再鞭打仆从,甚至劝说皇帝"不可任情喜怒",劝皇帝"免殉葬多人之死"等等。尽管乾隆反复强调说,这是和尚们盗窃名誉,梦中呓语,而且属于"私乱纪载,以无为有,恣意矜

---

[1] 这一点,参看葛兆光《十八世纪的学术与思想》,原载《读书》1996年6期,收入《侧看成峰:葛兆光海外学术论著评论集》(北京:中华书局,2020),131—142页;王汎森《权力的毛细管作用》(台北:联经出版公司,2013)第八章《权力的毛细管作用——清代文献中"自我压抑"的现象》,486—487页。有趣的是,有学者认为,考量雍正处置明清之际禅门的方式可以给现代政府的"宗教管理与邪教管制的尺度提供一种参照"。见杨航《从雍正对明清之际禅门一场持久斗争的干预看宗教管制的必要性及其尺度》,《宗教学研究》2014年第2期,145—150页。

夸，刊刻流行，以煽惑听闻"，但这是否会引起社会的联想[1]？

所以，乾隆的方法一是销毁这些著作（如《北游集》《侍香记略》、"及圣祖皇帝巡幸时僧衲记载之书"），二是将其革除出禅门（如行峰以下及其徒众，"另选玉琳琇下别支承接方丈"）——"如此则天下后世之盗窃佛法以逞其狂诞之言、肆其诈伪之行者知所儆戒"[2]。但同时，也不再宣传和出版《大义觉迷录》《拣魔辨异录》等，因为这种直接下场、杀一儆百的战法，同样会无意中揭开雍正处心积虑构陷知识人和佛教徒的背后心思[3]。

传说，乾隆皇帝写过一首诗："颓波日下岂能回，二氏于今亦可哀。何必辟邪犹泥古，留资画景与诗材。"这里说的"颓波日下"，就是说佛教、道教，他说衰微的佛道二教很可怜，大势已去。他表示，不必再像古人那样去辟邪，也就是扫荡宗教，不妨把它们留下来，那些寺庙道观，完全可以作为游玩和绘画的素材。也就是说，当宗教已经不能成为反抗政治的动员力量和支撑精神的信仰力量，那么就只是"方外"和"娱乐"的资源。所以，乾隆在即

---

[1]《清代档案史料选编》第二册，339、340页。
[2]《清代档案史料选编》第二册，341页。
[3] 美国学者柯娇燕（Pamela Kyle Crossley）就曾经说，乾隆皇帝之所以要销毁《大义觉迷录》，乃是因为他想掩盖历史，不愿意人们想起雍正时代的皇位合法性争论。见 *Dayi juemi lu* 大義覺迷錄 *and the Lost Yongzheng Philosophy of Identity*，收入 Francesca Fiaschetti 等编 *Ethnicity and Sinicization Reconsidered: Workshop in non-Han Empires in China*（Crossroads, Vol.5, April 2012），p.78。

位之初严厉处置了一通之后，面对已经全无力量的僧道，就不打算再动用帝国的力量压抑它们了。他曾经说，要"沙汰"佛道有什么困难，只要下一纸谕旨就行，但现在的僧道已经不像过去那么"横恣"了，所以不妨留着[1]。

毕竟，经历了顺治十八年、康熙六十年，再加雍正十三年，差不多一百年过去，大清王朝的合法性与满族皇帝的神圣性都已经确立。经历了清代前期特别是雍正时代的整肃和严控，大清帝国内部的所有宗教已经不再有和朝廷讨价还价的能力，渐渐走向衰微。乾隆完全可以收拾山河，不再需要这么紧张而严厉地对付身边的各种宗教，也不必担心佛门道观中隐藏的遗民了。很多学者都注意到，除了前面提到的乾隆即位之初的严厉举措，从雍正到乾隆，有了一个"去严从宽"的变化[2]。这大概是因为各种宗教，无论是外来的

---

[1] 徐珂编《清稗类钞》（北京：中华书局，1984）第十册"方外类·高宗不欲沙汰僧道"，4813页。

[2] 据说，这是"雍正遗诏"中的意思，但冯尔康认为，这实际上是"新君乾隆的愿望"。他引用《朝鲜王朝实录·英宗实录》卷四十九朝鲜人的观察，说"雍正有苛刻之名，乾隆行宽大之政"。参看冯尔康《雍正传》（北京：人民出版社，2004）第十五章第四节，555页。宫崎市定《雍正帝：中国的独裁君主》（孙晓莹译，北京：社会科学文献出版社，2016）同样认为，"乾隆帝即位后，清朝的政策立刻发生巨大转变，回归到康熙时代的宽大政治"。并且认为，主持宽大政治的人恰恰是雍正时代的两位重臣，满族人鄂尔泰和汉族人张廷玉。152页。又，王汎森《从曾静案看十八世纪前期的社会心态》在提及雍正死后乾隆皇帝查禁《大义觉迷录》时，曾指出"乾隆即位后便大改其父苛严之政，并推翻其父的许多处置"。他根据《东华录》和《清实录》推测，一是编纂《世宗实录》时，发现《大义觉迷录》中的上谕"暴露了太多宫廷丑闻"，雍正本来是要论证"其得位过程之正"，（转下页）

天主教、生根已久的佛教和本土的道教，都已经边缘化[1]，不成为皇权的威胁了。

四、再思中国皇权与宗教的关系：与日本、欧洲的差异

宗教史中最重要的事情，就是政教关系。从清代顺治、康熙、雍正三朝的历史看，皇权与宗教始终在角力，满族统治者与汉地宗教信仰也始终在明争暗斗。很多看似宗教内的事件，背后都有政治力量的介入，而朝廷对于宗教的抑扬褒贬，也都含有政治意图。正因为如此，陈寅恪先生才那么郑重地把"宗教史"和"政治史"并举，说陈垣的《明季滇黔佛教考》"虽曰宗教史，未尝不可作政治史读也……岂非宗教与政治虽不同物，而终不能无所关涉之一例证欤？"[2]

中国的宗教与政治也就是政教关系，为什么这么重要？因为如果我们把中国宗教放在全球历史背景下去讨论，那么，它不仅涉及古代中国宗教最重要的特色（缺乏独立性与绝对性，可以在政治庇

（接上页）可是为了说明这一点，"无意间告诉天下人太多前所未闻的秘密"；二是乾隆和雍正的策略不同，雍正"喜欢以公开辩解的方式对付异论，但乾隆更相信'万言万当，不如一默'，直接查禁"。载其《权力的毛细管作用》（台北：联经出版公司，2013）第七章，362—367页。

[1] 不只佛教衰落，道教也同样衰落，除了在北京的娄近垣还比较蒙受恩宠外，乾隆四年（1739），下令龙虎山正一派不得到处"开坛传度"，停止张天师的朝觐筵宴例，降张天师为正五品。

[2] 陈寅恪《陈垣明季滇黔佛教考序》，《金明馆丛稿二编》，272—273页。

护下三教合一），而且涉及传统中国向近代中国转型的路径及方向（如何走出中世纪，以及走出哪个中世纪）。我曾经在一篇讨论中日传统政治文化差异的长文里，讨论过中国、欧洲和日本政教关系的不同。这里再简单地说，就欧洲、日本与中国的王权与神权也就是所谓"政教"关系而言，可以大致区分为三种不同类型：

在中世纪欧洲，作为国教的基督教不仅控制了神圣领域，而且控制了政治领域。原本，罗马皇帝"就象统治国家一样，成了教会的最高主宰"，但在中世纪，教会逐渐独立，甚至凌驾于世俗权力之上，世俗国王需要有教皇的加冕，这种加冕被解释为"天上的权力高于世俗权力的象征"。11世纪到13世纪也就是相当于中国宋代，从格雷戈里七世（又译作"额我略"，Sanctus Gregorius PP. VII，1020—1085）到英诺森三世（Innocent PP. III，1161—1216），教皇的权力达到顶峰。其中，特别是前面曾经提及的，发生在教皇格雷戈里七世和亨利四世之间的形势逆转，使得世俗国王"由一位'凭血统和法统树立起来的神圣皇帝'变成一个宗教上的罪人"[1]，而英诺森三世甚至"成为审判列国君王的法官"。1302年卜尼法斯八世（Bonifatius PP. VIII，约1235—1303）甚至发出《一圣通谕》，

---

[1] 也有人指出，实际上亨利四世通过立雪门外三日的表面自虐方式，逼迫缺乏武装力量的教皇取消绝罚令，由此稳固了世俗权力，最终反而战胜了政敌以及格雷戈里七世。这也是一种历史解释。不过，从格雷戈里七世起，基督教教会就越发强调宗教对政治即世俗国王的优先权。

余音不绝　接着讲宗教史

正式规定教会高于一切世俗权力,《路加福音》中所谓的基督的两把剑,即宗教管理与世间管理,都被赋予教会,并说一把剑是给教会使用的,一把剑是为教会(世俗统治者按照教会旨意)使用的[1],这就导致了神权与王权的冲突。此后,经过16世纪上半叶开始的宗教改革,到17世纪的战争特别是"三十年战争"(1618—1648),到《威斯特伐利亚和约》的签订,欧洲各国王权逐渐得到加强,挣脱了罗马教会的控制,形成强大的主权国家,欧洲终于"走出中世纪"。所以,某种程度上,欧洲走向近代的过程,可以理解为世俗王权摆脱神圣教权的激烈历程。

而日本呢?在日本,由于传统"公家""武家""寺家"的权门三足鼎立,王权与神权的冲突并没有那么激烈。相对来说,文化象征、政治权力和宗教信仰能彼此制衡。在走向近代的过程中,政治与宗教之间的冲突相对温和。不少学者都看到,在江户时代初期也就是17世纪初,幕府将军虽然有意识地遏制宗教,但"寺家"还是很有势力,王权遏制神权,建立集权国家的过程在日本相当缓慢。这一大趋势一直延续到明治维新之初,由于面对西潮来袭,急需"尊王攘夷",建立集权帝国,二者间的斗争才逐渐激烈化,出现了所谓"祭政一致"和"神佛判然"的政治

---

[1] 以上参看 G.F. 穆尔《基督教简史》(福建师大外语系编译,北京:商务印书馆,1981),161—173 页;弗里德里希·希尔《欧洲思想史》(赵复三译,香港:香港中文大学出版社,2003)第四章,96—98 页。

举措[1]。因此，日本的近代转型，可以理解为贬抑外来宗教包括佛教，抬高与重塑本土神道，以此塑造天皇的神圣性，强调大和民族的独立性，来建立集权帝国，以推动现代化转型[2]。

再看中国。与欧洲和日本都不一样，由于在传统中国政治文化中，皇权始终在宗教之上，而宗教对政治始终臣服，因此在近代中国的政治变动中，宗教是很不重要的因素。特别是，经过清代前期康雍乾三朝组合拳式的打压和淡化，到了晚清中国遭逢"两千年未有之巨变"之时，宗教，包括佛教、道教都已经衰落不堪。因此，在中国走向近代的过程中，尽管有人也期待中国像欧洲文艺复兴那样，通过"原始基督教复活"，即宗教改革一样的"新佛教"出现，改变中国传统；尽管有人也根据欧洲和日本的经验，希望以"佛教促进群治"，或以"佛教作为精神"，但似乎效果有限，期待落空。似乎中国宗教（包括佛教，也包括更加衰落的道教）在近代中国转型过程中，是一个不必考虑的因素，换句话说，在近代中国，由

---

[1] 末木文美士指出，"明治维新之中，巨大原动力神道民族主义结合尊王攘夷运动，对佛教进行排斥。因此，当初采取复古主义政策的明治政府编发出'神佛判然令'，把神社从佛教的支配下独立出来，因而引发民间的'废佛毁释'运动，佛教因此受到极大的打击"，末木文美士《近代日本の国家と佛教》，载《他者・死者たちの近代》(《近代日本の思想・再考Ⅲ》，东京：トランスビュー，2010)，21—22页。
[2] 所以，明治六年（1873）专程赴北京的日本僧人小栗栖香顶才对中国僧人本然说，"方今日本，佛法外盛，内则大衰"。小栗栖香顶《北京说话》，见陈继东《1873年における日本僧の北京日记》附录，载《国际教育研究》(东京：东京学艺大学)第20号（2000年3月），23页。

于宗教已经衰落，所以在近代转型中，宗教既不是推动维新的助力，也不是阻挡变革的障碍[1]。

这就形成了欧洲近代国家转型之后，政治合法性依赖"民"，日本近代国家在转型之后，政治合法性仍然背靠"神"，而中国近代国家在转型之后，政治合法性还是强调"德"的巨大差异。而中国之所以会如此，我想，其中一个很重要的原因，就是中国的宗教衰落，它在历代皇权的打压之下，不仅没有和政治权力对抗的本钱，也没有充当世俗世界信仰力量的资格，甚至没有维持宗教独立性的能力。

而这最后最致命的一击，就来自雍正时代，到了乾隆时代，宗教已经不成为大问题了。

结语：把宗教史放进政治史语境中

回到陈寅恪为陈垣《明季滇黔佛教考》写的序文。

其实，在1941年陈垣写这部书之前，中国学界已经有不少宗教史著作。以佛教史领域为例，蒋维乔在1929年就出版了《中国佛教史》（商务印书馆），牟贵兰在1935年就写出了《中国佛教史

---

[1] 以上有关欧洲、日本和中国的政教关系差异，参看葛兆光《什么是中日传统政治文化的结构性差异？》，《清华大学学报》2023年第2期，37—39页。

略》(武汉秀荣真印书局),黄忏华在1940年也出版了《中国佛教史》。如果说,以上这些著作水准不高,不入陈寅恪法眼的话,那么,杰出著作也不是没有:1930年前后,胡适通过敦煌文献写出了杰出的禅宗史研究论著;1938年,汤用彤的名著《汉魏两晋南北朝佛教史》也已经出版。反过来看陈垣的这两部著作,《明季滇黔佛教考》很少涉及当时佛教思想,而《清初僧诤记》,就连日本学者野口善敬都指出,基本没有讨论密云与汉月有关临济宗旨的争论,也就是他自己说的"天童、三峰纷拿之余波"[1]。但为什么陈寅恪却说"中国乙部之中,几无完善之宗教史。然其有之,实自近岁新会陈援庵先生之著述始"呢?

我推测,在历史学家陈寅恪心目中,是不是宗教史首先应该是历史,而历史的重心应当偏向政教关系史的研究?如果我们注意看陈寅恪自己的宗教史研究,其实,也可以看到他的关注重心,始终也在宗教与政治的关系上,这一点从《天师道与滨海地域之关系》《崔浩与寇谦之》《武曌与佛教》这三篇名作中可以看出。

那么,为什么在陈寅恪心目中政治语境中的宗教史,换句话说也就是有关政教关系的宗教史才最重要呢?我以为是这样的,他所谓"宗教与政治虽不同物,而终不能无所关涉",这是中国历史

---

[1] 这一批评,见于野口善敬《译注 清初僧诤记——中国佛教の苦恼と士大夫たち》(福冈:中国书店,1989)译者注第184则,188页。

的一大特色，中国历史学者观察中国宗教史时，这是必须最关注的关键所在。而通过对这一政治与宗教问题的研究，才能破解前面所说的重大历史话题，即在皇权独大、政治优先、宗教相对弱势的传统中国，皇权如何肆无忌惮地压抑宗教使它逐渐萎缩？统治者如何利用宗教实现政治目标？而宗教又如何小心翼翼地处理与皇权的关系，以保护自己的存在？传统中国宗教的世俗责任，与欧洲、日本宗教的世俗责任有什么不同？中国宗教在传统向近代转型过程中，究竟能有什么作用？

这大概是陈寅恪心目中，中国宗教史的重心所在。毫无疑问，一部宗教史，可以用以教义为中心的写法，也可以用以教团为中心的写法，所谓"内史"往往是最常见的叙述方式。但对于陈寅恪这样的历史学者来说，关注政治史与宗教史之间的问题，也就是政治语境中的宗教"外史"，恐怕才是最关键的。也许，陈寅恪先生正是基于这一立场，才对陈垣的这部著作下了"第一部宗教史"的评价。

致　谢

为了 2023 年 9 月下旬在北京大学人文社会科学研究院的这个系列演讲，我用了差不多大半年时间撰写讲稿。讲完之后又花了一个月，把一些还算有意义的感想和发挥，重新纳入文稿，并补充了一些演讲之后才看到的资料。要说明的是，讲稿的前三篇，已经分别发表于《文史哲》(2024 年第 1 期)、《中山大学学报》(2024 年第 1 期) 和《复旦学报》(2024 年第 1 期)，我要向这些刊物表示谢意。当然，现在收在书中的，则是在发表稿基础上，又加以补充和增订的文本。

在那四场演讲中，主持人和与谈人，都事先阅读了我的文稿，因此他们在现场都给了精彩而有启示的评论。因此，这里我要感谢邓小南、刘屹、雷闻、程乐松、陆扬、吴真、罗新、荣新江、沈卫荣、汲喆、渠敬东、高波、孙卫国，他们的介绍和评议往往在我的演讲内容之外，刺激出新的问题、新的线索和新的资料。也因此，在最终补充定稿的过程中，我也有了一些被他们激活的"烟士披里纯"(inspiration)，于是在原稿的基础上，又做了一点发挥。

北京大学人文社会科学研究院给我提供了这个重新讨论学术史的平台，因此我要感谢文研院前后两任院长邓小南和杨立华。我也要特别感谢费心组织讲座活动的韩笑老师。其实，第一讲涉及的邓广铭先生听课笔记，就是他最先提供给我的。让我特别感动的是，在四场演讲中，有好些师长、朋友特意前来，而罗新兄在演讲之后，每次都陪着我们从北大二体的演讲厅，在夜色中走回下榻的中关新园。

想到这些朋友，当然还有几十年学术生涯中一同走过的其他朋友，心里很温暖。

2024年1月于上海